DU BRÉSIL.

PARIS, IMPRIMERIE DE DECOURCHANT,
RUE D'ERFURTH, N.° 1, PRÈS DE L'ABBAYE.

DU BRÉSIL,

OU

OBSERVATIONS GÉNÉRALES

SUR LE COMMERCE

ET LES DOUANES DE CE PAYS,

SUIVIES

D'UN TARIF DE DROITS D'ENTRÉE SUR LES MARCHANDISES FRANÇAISES,

ET D'UN

Tableau comparatif des Monnaies, Poids et Mesures;

PAR ED. GALLÈS,

MEMBRE DE PLUSIEURS SOCIÉTÉS D'INSTRUCTION, ET SUBRÉCARGUE
Arrivant du Brésil.

Dédié à M. Balguerie junior.

PRIX : 5 FRANCS.

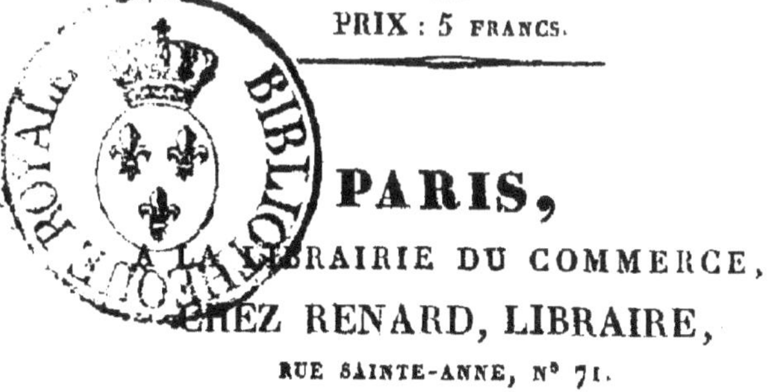

PARIS,

A LA LIBRAIRIE DU COMMERCE,
CHEZ RENARD, LIBRAIRE,
RUE SAINTE-ANNE, N° 71.

Décembre 1828.

A M. Balguerie junior.

Monsieur,

Le nom de Balguerie rappelle tant de vertus, la
renommée est tellement habituée à le prononcer, qu'il
va jusqu'à s'approprier la confiance diplomatique
des monarques de l'autre hémisphère, qu'il semble,
pour la France industrielle et politique, que ce soit
un nom qui doive se retrouver à la tête de tout ce
qui a trait au commerce, aux sciences et à l'administration.

C'est donc à l'abri de noms pareils que peuvent

se réfugier les écrivains qui consacrent leurs travaux à l'une de ces bases vitales sur lesquelles sont établies la prépondérance des nations et la puissance des trônes. C'est sous sa bienfaisante et douce protection que j'ose présenter au commerce un ouvrage dont j'ai senti toute la nécessité, mais pour lequel j'oubliai l'inaptitude et la virginité de ma plume : puisse ma hardiesse trouver son excuse dans les sentimens qui la firent naître, et le roseau vivra peut-être alors à l'ombre influente et salutaire de l'arbre vers lequel il se pencha...

Oui, Monsieur, en vous dédiant le fruit de mes recherches, j'ai l'espoir que sa propagation dans le monde commercial suscitera un nouvel essor à notre industrie, en indiquant à nos manufactures des débouchés qu'elles ignoraient encore peut-être, ou sur lesquels elles n'avaient hier que des idées vagues et incertaines.

La philanthropie, cet apanage des âmes élevées et des cœurs généreux, qui, présidant à toutes vos actions, semble être également le cachet de votre honorable famille ; la philanthropie, dis-je, sourira en voyant que toujours votre sollicitude paternelle s'empare de tous les moyens pour faire et répandre le bien. Elle sourira sans doute quand elle apprendra qu'un homme d'état, un homme qui récemment encore, et aux acclamations du vote électoral, vient d'être appelé à la législation, ne dédaigna pas d'accueillir un ouvrage qui peut avoir le mérite de l'exactitude et de l'opportunité, mais qui sous d'autres rapports n'aurait jamais dû voir le jour !

C'est pénétré de ces vérités ; c'est pénétré surtout
des sentimens d'estime que vous savez si bien inspi-
rer, que je viens, Monsieur, vous faire l'hommage
de mes observations sur le commerce et les douanes
du Brésil.

En vous priant de croire que votre bienveillance
suffira à mon ambition, j'ai l'honneur d'être, avec
le plus profond respect,

Monsieur,

Votre très-humble et dévoué serviteur.

E. G.

DU BRÉSIL,

OU

OBSERVATIONS GÉNÉRALES

SUR LA DOUANE ET LE COMMERCE

DE CE PAYS.

INTRODUCTION.

Les ressources et le débouché extraordinaires que présentent les différens ports du Brésil au commerce français; les besoins toujours croissans de ce vaste empire, tant de nos produits agricoles que manufacturiers; les richesses intarissables de son sol, l'immensité des trésors que la nature s'est plu à prodiguer sur ces terres encore vierges; la consommation presque incroyable qui pourrait s'y effectuer de nos vins et spiritueux, si le négociant connaissait d'une manière précise et physique le goût et le palais brésiliens;

Les pertes effrayantes auxquelles sont exposées les maisons qui se destinent à exploiter ces parages sans en connaître les besoins et sans notions exactes;

Les frais exorbitans que l'on peut éviter en ayant des données certaines et combinées sur le pays; les difficultés (en France) de s'en procurer qui soient basées sur l'expérience et la bonne foi;

Les vexations de douane que l'on souffre quand on ignore les moyens de les atténuer ou de les repousser par le droit; les retards (toujours préjudiciables) qu'éprouvent les capitaines qui ne connaissent pas les dispositions des lois de cette même douane; enfin, une foule de hautes considérations d'économie commerciale, le désir et la conviction d'être utile à mes concitoyens ou à quelques amis, joints aux conseils des premières maisons commerciales du Hâvre et de la capitale, m'ont décidé à écrire mes réflexions : heureux si, pour prix de mes veilles, j'apprends un jour que mon faible travail a pu contribuer à leur prospérité, ou à les arrêter sur les bords du précipice! Heureux encore, si mes timides accens peuvent éveiller l'attention d'une plume plus hardie et plus expérimentée que la mienne, puisqu'un ouvrage bien écrit sur cette matière, prenant une certaine propagation dans le monde commercial, serait susceptible d'atteindre un but moral, en obligeant *tous les consignataires* à remplir dignement leur mandat, et éclairant les consignés sur leurs intérêts les plus sérieux, les plus essentiels (1).

Treize mois passés dans les différens ports du Brésil, comme dans la capitale, et à la tête d'opérations importantes, les rapports que par ma positions j'ai été à même d'établir avec les notabilités du pays, m'ont mis dans le cas de connaître toutes les difficultés attachées au commerce de cet empire; et je puis avancer que les matériaux que j'ai réunis pour élever mon frêle édifice, ne s'achètent qu'au poids de l'or et de bien des sueurs.

J'ai frémi en songeant que la différence d'un goût, d'une couleur, pouvait ruiner un pacotilleur, une maison, une famille, une société industrielle; et qu'un mot hasardé dans une charte-partie, pouvait également entraîner aux catastrophes les plus graves, les plus effrayantes.

J'ai vu le danger, et je n'ai pas plus écouté ma timidité que consulté mes forces : N'importe! me suis-je dit, le commerce ne demande point de fleurs de rhétorique, il lui faut des choses et des faits; hé bien! ce sont des faits et des choses que je promets; et d'avance, je rappellerai à ceux qui se plaindraient de la rudesse ou de l'aridité de cet

(1) Bolivar, par un décret rendu en mars 1825, donne le droit aux étrangers de choisir leurs consignataires, sans être obligés à payer un droit additionnel de 5 pour °/₀ : le Brésil suit aussi cette marche.

écrit, la réplique à Louis XIV, d'un bon général qui n'avait pas les moyens de s'exprimer, et que le prince raillait un jour sur ce point : *Sire*, répondit le brave un peu piqué, *je ne vous ai jamais promis de talent, parce que je n'en ai point, mais toujours du zèle et du dévoûment, parce que j'en ai...*

L'émigration des Français au Brésil devenant chaque jour plus importante, les voyageurs, les capitaines comme les armateurs, avaient nécessairement besoin d'être guidés. En matière commerciale, plus il y a d'extension, plus il faut de moyens de prudence pour arrêter le mal que peut produire le manque d'expérience. Ah! (me disait un ami) que n'avais-je les notions que tu publies, lorsque je mis le pied sur la terre du Brésil !... combien j'aurais béni le nom de celui qui m'aurait préservé de tant de pertes et de tribulations !...

La France a très-long-temps négligé le commerce avec le Brésil; elle n'en connaît même pas aujourd'hui l'importance, car la nonchalance qui existe dans nos armemens pour ces contrées, prouve assez que nous n'avons pas encore senti les avantages qu'elles présentent à notre balance commerciale.

L'Angleterre, toujours beaucoup plus hardie que nous quand il est question d'industrie, a profité de notre insouciance et de notre apathie.

En attendant que nous ouvrions les yeux, elle a déjà établi des succursales et des compagnies qui exploitent et tirent des trésors incalculables des mines de la province *Minas-Géraes*.

L'auteur de la Charte, qui, comme Montesquieu, possédait des idées aussi vastes qu'exactes sur les besoins respectifs des nations, et dont l'œil pénétrant savait traverser l'avenir; l'auteur de la Charte, dis-je, avait déjà porté ses regards sur l'empire du Brésil, quand il ordonna (en 1820) une expédition commandée par l'amiral Roussin, ayant pour but unique d'en relever mathématiquement la côte.... Il voulait rendre cette navigation facile, parce qu'il savait que ce pays, étant sur le point d'effectuer sa révolution, pouvait offrir un jour des débouchés immenses à nos manufactures comme à notre industrie.

Profond politique, grand administrateur, il prévoyait qu'à l'exemple de la république Argentine, le Brésil, secouant le joug de la métropole, élevant un temple à la Liberté sur les ruines de l'esclavage, devenant libre enfin de choisir ses rapports commerciaux pour les objets de sa consommation, devait indubitablement tourner ses regards vers la France, pour satisfaire aux besoins de son luxe et de sa vie animale; besoins qui suivent toujours de près une nation qui s'affranchit : effets inévitables de l'introduction des sciences et des arts chez les peuples.

La consommation que je crois déjà susceptible de mériter l'attention sérieuse soit du gouvernement, soit du commerce français, se ressent nécessairement encore aujourd'hui de ces coutumes antiques qui font une loi aux femmes de ces contrées de ne voir le jour que de leur maison ; mais il est incontestable que cette habitude disparaîtra à mesure que le Brésil avancera en civilisation ; et il est raisonnable de penser que quand les lumières auront opéré cette innovation, les besoins du pays augmenteront en proportion du changement.

La guerre opiniâtre avec Buenos-Ayres (1), que je considère comme interminable tant que le Brésil voudra conserver les mêmes prétentions sur la province cisplatine, parce que l'orgueil et l'ambition crient toujours plus haut que la sagesse et la modération chez les hommes ; la guerre, dis-je, porte également de très-grands coups au commerce de Rio-Janeiro et du Brésil en général ; chaque jour compte des prises plus ou moins nombreuses d'embarcations et de navires marchands appartenant aux Brésiliens ; et souvent la capi-

(1) Au moment où nous mettons sous presse, nous apprenons que la paix vient d'être signée entre les deux états ; et, s'il faut en croire les journaux, il paraîtrait que Montévidéo serait abandonné de part et d'autre pendant cinq ans ; que, ce terme expiré, il aurait le droit de choisir son gouvernement entre le Brésil et Buenos-Ayres.

tale ne peut subvenir aux besoins de son exportation, tant les proprétaires des denrées ont peur d'être pris dans la petite navigation qu'ils ont à faire de leurs plantations à la ville. Cette entrave amène souvent la disette de ces mêmes denrées, et celle-ci en suscite à son tour l'inévitable cherté. Cet état de choses est d'autant plus déplorable, que le détenteur souffre de ne pouvoir vendre, en même temps que le négociant souffre de ne pouvoir acheter.

Le trafic des nègres avec la côte d'Afrique, est une des branches principales du commerce des *naturels* de Rio-Janeiro. Il est commun de voir arriver des négriers avec cinq à six cents esclaves arrimés les uns sur les autres comme nos bouchers entassent le bétail qu'ils envoient aux abattoirs. Ces innocentes victimes de la civilisation se troquent et s'achètent absolument avec les mêmes formalités que nos animaux d'Europe ; et il faut rougir de porter le nom d'homme quand on entend dire à un Brésilien : « Je donnerais 100 fr. de plus » de cet homme, s'il était plus gras, et qu'il eût » l'œil plus animé...» *Eu dacare* 16,000 *reis de mas por esse homem, se me paresse mars gorde*, etc.

O mœurs épouventables !... c'est donc au poids de la graisse et du sang que les mortels se vendent entre eux !!!

Ces malheureuses créatures s'achètent aussi jusque dans les *lailaós* (encans) ; le philanthrope observateur ne sait s'il doit rire ou pleurer sur l'extravagance humaine, quand il entend le charlatan s'écrier avec sang-froid : « Courage, mes-» sieurs, à 800 fr. l'homme !!!....» *Pois enton, seignors, coragem, à* 130,000 *reis homem.*

La plume frémit et s'arrête sous les doigts à la peinture de pareils traits... Pourquoi ne pas pouvoir couvrir d'un voile impénétrable la misère de notre condition...? pourquoi faudra-t-il que l'inévitable Clio transmette à la postérité de pareils sacriléges, de pareils attentats, et auxquels nos neveux auront sans doute peine à croire, quand ils verront qu'ils s'exerçaient sous le règne des rois très-chrétiens, et dans un siècle où les idées de liberté embrasent les hommes dans les deux hémisphères, où ce mot magique est un cri de ralliement depuis les bords de la Seine jusque sur les rivages du Rio de la Plata.

C'est en vain que des plumes vénales chercheraient à prouver que cet infâme trafic est un mal nécessaire à la prospérité du pays où il s'opère; c'est en vain que, par des principes spécieux ou des sophismes dignes des siècles barbares, l'on tenterait à nous insinuer que, l'émigration des Européens ne s'effectuant qu'avec une extrême lenteur dans le Brésil, ce dernier, faible dans sa force numérique est réduit à la cruelle nécessité d'aller piller les sauvages et silencieux déserts de l'Afrique, pour avoir des bras... Des bras..... insensés...! et que peuvent-ils ces mêmes bras enfergés dans les chaînes de la servitude?... Ne savez-vous donc pas que si le fruit de la liberté a la propriété de ranimer les forces physiques et morales de l'homme, l'esclavage, le hideux esclavage a celle de les anéantir?...

Et vous, classe indolente qui vous reposez entièrement sur le travail de ces malheureux pour les besoins de votre existence animale, vous ignorez le mal involontaire que vous font vos esclaves ; vous oubliez que, restant dans une inaction continuelle, la machine la mieux combinée, le mécanisme le plus parfait, doivent finir par se déranger un jour ; vous oubliez aussi que les services et les travaux que vous exigez de vos nègres, se sentent toujours de leur stupidité et de leur humeur farouche ; vous oubliez que vous pourriez faire dans une heure ce qu'ils n'obtiennent qu'imparfaitement en un jour ; et vous ne réfléchissez pas qu'en leur laissant tout à faire, vous perdez en énergie et en industrie ce qu'ils peuvent y gagner en proportion de leurs facultés ... Malheureux ! sentez donc une fois que le doigt de la Divinité se trouve en tous lieux comme en toutes choses.

Le traitement des noirs touche à la barbarie la plus atroce ; les habitans qui en font un commerce exclusif, sont ordinairement les plus sévères, les plus insensibles. J'ai vu ces marchands de chair humaine infliger le supplice de trois cents coups de *chicota* (nerf de bœuf) à un nègre qui s'était enivré ; j'ai vu la victime tomber sans connaissance sous les coups du bourreau, et le tigre n'abandonner son expirante proie que quand le sang avait rougi ses pattes dégouttantes !

Mais c'est assez : détournons les yeux d'un tableau dont les couleurs sinistres doivent soulever tous les cœurs généreux ; et espérons enfin que le progrès des lumières excitera un jour chez ces victimes l'usage du sens commun que la nature a placé dans le cerveau de tous les hommes, et qu'en acquérant peu à peu le sentiment de leurs forces, ils finiront par se faire admettre dans la grande famille des nations, en marchant à l'aide d'un flambeau peut-être moins animé que le nôtre, mais conduisant au même but par des sentiers plus obscurs... En attendant le jour où luira le soleil de leur délivrance, cherchons à donner le change à notre imagination, en rappelant avec vérité que dans le Brésil l'esclavage et la liberté vivent sous le même toit, et que Newton a dit que les effets de l'attraction sont inévitables.

La constitution du Brésil est la plus libérale, la plus démocratique des constitutions contemporaines ; les premiers fondemens en ont été posés par les Andradas, dont tout le monde connaît les vertus, les talens et le patriotisme.

La liberté civile, religieuse et commerciale au

Brésil, est digne de l'envie des peuples les plus policés. Le Brésilien a le droit de tout dire, tout écrire : sa croyance est subordonnée au sentiment de sa conscience, et les prêtres se garderaient bien d'en violer l'asile sacré... Il peut remuer, porter et transporter ses vins, ses marchandises en quelques lieux qu'il lui plaira, sans que le gouvernement ait un réis à percevoir sur lui. J'admets même qu'il serait impossible d'imposer au Brésil des droits-réunis, tels que licence, patente, timbre, enregistrement, etc., sans une révolution : tant je suis pénétré de lamanière dont les idées de liberté sont incrustées dans les cerveaux de ces têtes chaudes et volcanisées !

La législation de l'empire est encore très-imparfaite pour ce qui regarde la police et le criminel ; les lois y sont tellement rigoureuses que leur sévérité n'en permet presque jamais l'application : il suffira de dire, pour démontrer cette imperfection, que le vol d'une demi-livre d'argent entraîne la peine de mort, et que pour faire punir l'assassinat il n'y a point d'accusateur public qui poursuive le criminel aux frais de l'État et au nom du monarque ; la société n'a point encore cette garantie, et c'est au contraire la partie plaignante qui doit agir à ses frais et dépens.

Cependant l'empereur et les chambres paraissent disposés à retoucher au code criminel, et l'on doit s'attendre à une amélioration prochaine dans cette branche d'administration.

Les chambres se composent de cinquante sénateurs et de cent députés : ce sont ces derniers qui présentent les lois au nom de la nation; le lecteur apprendra peut-être avec quelque surprise que, malgré que Fernambouc, Bahia et beaucoup d'autres provinces nomment, envoient leurs députés pour siéger à la chambre et prendre part à ses délibérations, ces provinces n'en sont pas pour cela soumises aux dépenses, subsides ni impôts quelconques de l'État : elles se régissent elles-mêmes (au nom de l'empereur), mais à leurs propres frais et du revenu respectif de leurs douanes.

Les écoles juridiques commencent à paraître dans les environs de Rio-Janéiro, à Olinda et à Saint-Paul.

La bibliothèque et le musée de la capitale sont assez intéressans. L'ardeur que la jeunesse déploie pour l'amour de l'étude a quelque chose de frappant ; il semble qu'elle a honte de son ignorance, qu'elle sent la nécessité de réparer par un travail opiniâtre et soutenu, le temps perdu dans l'apathie et l'obscurité.

Les églises jouent un grand rôle au Brésil par le luxe effréné de leurs ornemens; il y en a où les statues et les chandeliers sont en or et argent massifs. Le Brésilien observe tout le décorum et

l'extérieur du catholicisme, mais il n'est pas fon-
cièrement religieux.

Les Brésiliens sont vains, présomptueux, mais
loyaux, bons négocians et très-francs dans les affaires. Ils se lient fort difficilement avec un étranger.

Arriérés en civilisation, avec tout l'extérieur
de la gravité anglicane et le phlegme du savoir
germanique, ils sont cependant encore profon-
dément ignorans. Les sentimens de bravoure et
de patriotisme leur sont étrangers ; ces vertus civiques n'étant que l'effet nécessaire et immédiat
de l'éducation chez les hommes.

Il est plaisant de leur entendre dire, avec tout
l'aplomb de la suffisance et de la conviction :
« Nous sommes les vainqueurs du vainqueur des
« vainqueurs !..... » *Nos estamos os vencedors do
vencedor das vencedors !*

Et voilà comme ils établissent ce prétendu fait :
« Nous sommes, disent-ils, les enfans du Por-
» tugal, qui a vaincu l'Espagne ; or, celle-ci n'a-
» t-elle pas vaincu les Français?...... » Bravo! Brésiliens, votre raisonnement est tellement topique
que l'on ne saurait essayer d'y répondre...... Le
monde s'incline devant la vérité.....

La jalousie, qui, jointe à l'orgueil, forme le
cachet du caractère brésilien, les entraîne souvent à des actes de cruauté et de désespoir. Les
femmes ne sortent que pour aller à l'église ou au
théâtre : quoique très-brunes, elles y sont d'une

beauté rare ; mais à peine le bouton a-t-il paru
que la rose commence à se flétrir !...

Il n'y a ni promenades ni sociétés. Si, de loin en
loin, et par circonstances extraordinaires, on se
permet quelques réunions, assez généralement
les femmes n'y sont point admises..... Or, je le
demande, quelque belles, quelque gracieuses que
puissent être les formes du corps, toute illu-
sion ne devient-elle pas impossible par le seul
fait de l'absence de l'âme ?....

Il n'y a que les grands et la classe la plus élevée en civilisation, qui soient au Brésil ce qu'ils
sont dans tous les pays, affables, polis, modestes
et lians.

Les cérémonies religieuses se font avec une
pompe et une magnificence vraiment inouïes. Les
processions, auxquelles assiste l'empereur, coû-
tent des sommes immenses, qu'il serait peut-être
plus convenable d'affecter au rétablissement des
routes et canaux, qui sont dans un état pitoyable.

Le baisement des mains du monarque con-
traste beaucoup avec leur système de liberté sans
limite.

La politique de tout Brésilien se renferme
dans le mot *liberté*.... Sans connaître les Bossuet
et les Royer-Collard, ils établissent *qu'il n'y a pas
de droit au-dessus de leur droit*, et qu'aucune
puissance humaine ne peut dépasser leur volonté.

Quand il est question de liberté, ils semblent

s'oublier.... Amans passionnés de la déesse, c'est elle qu'ils adorent, c'est l'idole devant laquelle ils se prosternent religieusement, c'est pour elle qu'ils seraient peut-être susceptibles de prouver un jour à ceux qui voudraient la leur ravir, qu'une nation sans force, sans génie ni tactique militaires, sans esprit belliqueux, est capable de retrouver tous ces élémens de puissance dans la ferme et unanime volonté de repousser la servitude et la tyrannie.

Voilà succinctement les idées générales que j'ai cru devoir mettre à la tête de mon travail : sans doute elles y sont sans ordre et sans art; mais, encore une fois, j'écris pour le commerce et non pour l'Académie; et si je me fais comprendre, c'en sera assez pour mon ambition; car j'aurai rompu un silence avantageux, sans doute, à quelques intérêts particuliers, mais nuisible aux intérêts généraux. Si, en terminant, je réfléchis un instant et cherche un peu la cause qui a pu retenir la plume de quelques écrivains sur une matière aussi importante, je crains bien d'apercevoir l'intérêt et le vil égoïsme enchaînant les mains qui pouvaient déchirer le voile.

Oui, ne craignons pas de le dire,... c'est la peur d'une concurrence pernicieuse à des avantages privés, qui jusqu'à ce jour a empêché ou arrêté l'essor de notre commerce avec le Brésil. O Français, ô mes concitoyens!.. dans quelques régions du globe que vous soyez, croyez-moi, sachez sacrifier en tout temps la cause individuelle à la cause commune! Quand il s'agira de gloire, de prospérité, d'industrie, songez que ce sont elles qui forment la pierre triangulaire sur laquelle se bâtissent la puissance des états, la prépondérance des nations: souvenez-vous alors de la patrie, faites taire tont sentiment qui ne se rapportera pas à elle; franchissez tous les obstacles; rappelez-vous que c'est par l'aide des vertus civiques de ses enfans et la fermeté de ses conseillers, que notre belle France est sur le point de lever enfin sa tête majestueuse, et qu'occupant le premier rang dans le monde civilisé, elle va saisir d'une main ferme la balance du monde politique pour peser dans sa sagesse la destinée des peuples de l'Europe qui la contemple. De quelque classe, de quelque rang que vous puissiez être dans la société, faites parvenir vos avis jusque sur les marches du trône, ils y seront accueillis par un roi sage et constitutionnel, qui, satisfait de l'éclat de sa couronne, ne demande au Ciel d'autre félicité que la gloire et le bonheur de ses sujets.

PREMIÈRE PARTIE.

DE LA CHARTE-PARTIE.

Dans les chartes-parties faites pour les voyages aux ports du Brésil, il est de la plus haute importance de ne point se lier pour le retour, le fret y étant presque toujours très-rare pour tous les pays. Cependant, dans l'intérêt de l'affréteur comme de l'armateur, si des convenances réciproques les engageaient à traiter pour l'allée et le retour, il serait urgent de ne point déterminer le port où devra retourner le navire.

Il serait aussi inutile que préjudiciable de désigner les villes de Bordeaux et de Nantes, puisqu'on ne trouvera jamais à charger en destination sur ces dernières.

Le Havre est le port le plus courant, et encore la disette du fret s'en fait-elle très-souvent sentir. Marseille, Anvers, Hambourg, sont ceux qu'il conviendra d'assigner dans le cas où la charte-partie accorde le choix de trois ou quatre ports; toutefois, s'il n'y en avait que deux à désigner, ce serait le Havre et Anvers qu'il faudrait demander.

Il est inutile de faire observer ici que l'on doit agir en conséquence de la charte-partie par rapport aux assurances en retour.

2

Comme le cours du change dépend de mille causes différentes, et que, par l'effet de circonstances inattendues, la valeur du franc peut varier depuis 160 reis (sa valeur intrinsèque aux termes de la loi) jusqu'à 300 et 320 reis; comme la piastre, qui subit la même impulsion, peut également valoir de 800 reis (valeur intrinsèque) jusqu'à 16 et 1800 reis (1), il est prudent et même indispensable de spécifier sur le connaissement, et d'une manière précise, le mode de paiement du fret, littéralement comme il suit : A . . . francs le tonneau, *payables en francs ou l'équivalent, au cours du change du jour de l'arrivée du navire au Brésil.*

Par cette précaution, qu'indique l'expérience, les intérêts des deux parties sont à couvert; en agissant ainsi, l'affréteur paiera dans le pays ce qu'il a eu réellement l'intention de payer. Opérer différemment c'est s'exposer à des pertes effrayantes; c'est traiter en aveugle sur les nuances les plus délicates.

Mes observations sur l'esprit et la lettre de la charte-partie sont d'une considération telle, que l'on voit souvent au Brésil des opérations présenter des résultats désastreux par le seul fait d'un faux mode de paiement de fret, ou d'une désignation hasardée pour le retour du navire. J'ai

____

(1) Cours des six premiers mois 1828.

connu une maison qui (liée par sa charte-partie) a été forcée, par le manque de fret pour les
ports y désignés, et par les effets du change
qu'elle n'avait pas prévus, non-seulement de payer
un fret presque double pour le voyage d'allée,
mais bien encore l'entier affrétement du retour,
sans avoir un seul tonneau de marchandise à bord :
l'on sentira combien il importe que le commerce
soit prévenu contre de pareilles catastrophes.

On a l'habitude, en France, de stipuler le fret
à raison de 20 piastres par tonneau, considérant
les 20 piastres comme équivalant à 105 fr. (5 fr.
25 c. la piastre). Ce mode de paiement est extrêmement onéreux pour l'affréteur, puisque le cours
de la piastre varie de 1650 à 1800 reis, et que
1800 reis, même au change exorbitant de 290 reis
le franc, font 6 fr. 20 c. Il est donc évident qu'en
affrétant ainsi vous payez 124 fr. par tonneau,
lorsque vous aviez l'intention de n'en payer
que 105.

En résumé, considérant les diverses fluctua-
tions du cours du change, qui peuvent porter
la valeur accidentelle du franc, de 160 à 290 et
même à 300 reis, je dirai un mot, en passant, sur
un autre genre d'affrétement qui quelquefois peut
satisfaire le caprice ou l'ambition des parties in-
téressées, je veux parler de composition de la part
des armateurs et affréteurs, spécifiant une valeur
entendue entre eux, déterminant, telle ou telle

quantité de reis, comme équivalant, d'après eux, à l'importance du franc, suivant le système monétaire français. Par exemple, aujourd'hui le change est de 290 à 300 reis le franc; hé bien! déterminer le terme moyen soit environ 245 à 250 reis le franc. Ce mode est à la fois le plus chanceux, le plus imprudent, le plus dangereux de tous, puisque, selon les événemens politiques, le franc peut descendre à 180 reis, comme il peut monter à 360; sans doute il sourira à l'imagination de l'ambitieux; mais, avant de signer, qu'il s'arrête, et qu'il songe à l'avenir.

DU DÉPART.

La limite des vents alizés au nord de la ligne n'est pas fixe; elle varie souvent de 11 à 4 degrés de latitude nord. Elle est d'autant plus méridionale, que le soleil est plus élevé dans l'hémisphère sud. L'époque la plus favorable de l'année, pour les voyages de France au Brésil, est donc le mois de décembre, et en général de septembre à mars.

L'armateur ne doit point faire d'expédition sans être avisé, par tous les ports de France, sur la quantité de navires partis ou en partance pour ces contrées.

DE FERNAMBOUC.

La ville de Fernambouc, ou *Pernambouco*, se trouve à 8 degrés 4 minutes 7 secondes latitude sud, et à 37 degrés 12 minutes 59 secondes longitude ouest. La rade en est dangereuse pour les bâtimens qu'un trop fort tirant d'eau empêcherait d'entrer dans le port en cas de mauvais temps : la houle y est souvent très-forte ; et si l'on mouillait seulement d'un rumb à l'ouest du méridien de la pointe d'*Olinda*, on serait à moins d'un demi-mille du quai du récif, et, pour peu que l'on chassât sur les ancres, on courrait des risques graves : cette chance est à craindre depuis mars jusqu'en septembre. Il faut attendre le pilote, qui, pour les faire entrer, va chercher les navires à une lieue environ du récif.

Le premier objet qui frappe l'œil du voyageur, à Fernambouc, c'est le rocher qui en borde la rade ; il a quarante lieues environ de longueur, et il semblerait que la nature le posa là tout exprès pour défendre la ville qui devait se bâtir un jour vis-à-vis de lui, et la protéger contre les fureurs des hommes et des élémens.... Cette roche forme une ligne absolument droite ; on dirait une muraille élevée par les habitans du pays, dans le même but que les Chinois construisirent jadis la leur, avec cette différence, toutefois,

qu'elle n'a que la hauteur nécessaire pour garantir le port contre les débordemens : à la mer
basse, elle ressort de quatre à cinq pieds sur mer,
et quoiqu'elle semble coupée à de certaines distances, il faut se garder de commettre la moindre
imprudence entre les espaces, car, malgré qu'ils
paraissent présenter un passage libre, ils n'en
sont toujours pas moins la continuation du récif,
seulement la superficie en diffère.

Ce qui en arrivant surprend également l'observateur, c'est la présence des nègres pêcheurs
qui s'éloignent de douze à quinze lieues dans la
mer sur quatre simples morceaux d'arbres cloués,
formant à peu près la figure d'une échelle qui
n'aurait de barreaux qu'aux deux extrémités ; ils
adaptent une voile à ces espèces de soliveaux, et
c'est ainsi équipés qu'on les voit braver les dan-
gers les plus imminens, avec un calme et un sang-
froid qui déroutent l'imagination de l'Européen.

Le commerce y est assez actif, et la consommation locale peut en être considérée comme
très-importante par rapport à sa population ; mais
il est utile de faire observer ici que nos produits
de luxe, tant en parures que comestibles, ne
peuvent y trouver qu'un débouché circonscrit,
puisqu'on y compte environ seize hommes de
couleur pour un blanc.

Les articles français n'y sont pas encore très-
courus ; deux causes puissantes contribuent à en

rendre la vente lente et le débouché peu courant; je veux dire qu'il y a fort peu de fonctionnaires et de noblesse dans cette province, et que d'ailleurs la petite quantité de nos magasins n'est pas susceptible de répandre généralement le goût prononcé de nos modes ou de nos produits, quand ils y sont étalés avec si peu d'art et si peu d'élégance.

Je ne doute point que nos soieries de Lyon, qui déjà y trouvent un écoulement plus régulier depuis deux ans, ne deviennent un article excellent dans le pays, quand nous y aurons monté des établissemens comme à Rio-Janeiro. Tant que les produits de notre industrie n'ont pas été étalés avec luxe et magnificence dans cette capitale, leur consommation a été circonscrite et trèslente; mais lorsque nous les avons présentés avec cette pompe magique qui entraîne et fait naître le besoin, leur vogue s'est répandue à la voix de la renommée : en tous temps comme dans tous les lieux la beauté qui se cache sous les haillons de la misère demeure inconnue et ne frappe point les yeux.

Un commerce important que la France pourrait établir avec la province de Fernambouc, et que déjà une maison de Marseille a su ne point négliger, serait la branche des vins; mais comme les Brésiliens ne boivent généralement que l'*oporto*, le nœud gordien serait d'imiter parfaitement cette dernière qualité, tant pour le liquide que pour le logement, et l'on sentira que je ne puis indiquer ce moyen que verbalement. Si l'imitation n'est pas comme identique, l'essai tournera en chance de perte ou de gain. Si, au contraire, l'on parvient au point voulu pour la consommation, j'évalue que cette ville seule pourrait nous offrir un débouché annuel de 2,500 à 3,000 tonneaux de nos vins.

Cette évaluation, qui au premier coup d'œil peut ne pas paraître extraordinaire, sera néanmoins reconnue comme très-considérable par le propriétaire et le négociant qui, connaissant combien leur est difficile l'écoulement de ce liquide, ne partagent pas les idées du ministre qui prétendait que, *si la France n'avait plus de débouchés pour ses vins, elle les boirait!...* Ceux-là, dis-je, en apprécieront l'importance, parce qu'ils pourront un jour en sentir les effets salutaires.

Les vins de France s'y vendent en très-petite quantité, et en proportion du nombre d'étrangers; je présume que huit à dix tonneaux de plus, dans un chargement de deux cents, pourraient nuire dans une opération. Ce sont les vins de Saint-Loubès (près de Bordeaux) qui conviennent le mieux, d'abord parce que le prix en est très-modéré (190 à 200 f. le tonneau), et que cette contrée a la qualité rare, non-seulement de prendre une fort belle robe et beaucoup de corps pendant le voyage, mais bien encore de résister aux chaleurs de la zone torride ; tandis que la majeure partie des autres crûs ne sauraient les supporter sans altération, et souvent sans détérioration complète.

La consommation de nos eaux-de-vie ne s'y opère point en proportion de celles de Bahia et Rio-Janeiro ; cependant ce spiritueux doit être considéré comme bon par celui qui ferait une expédition directe sur Fernambouc ; il n'en faudrait pas plus de vingt pièces pour bien réussir : une plus grande quantité se porterait tort à elle-même. L'article s'améliorera en raison des progrès de la population. (*Voyez* Détails, chapitre *Rio-Janeiro*.)

Les vins de Champagne (*mousse factice*) y sont bien prisés, mais toujours en caisse de douze bouteilles, et dans les prix communs de 1 f. 75 c. à 2 fr. la bouteille, les Fernamboucains aimant ce vin sans en connaître les qualités.

Les vins d'Alicante, de Madère, de Malaga, et enfin tous autres que ceux indiqués plus haut, offrent de grandes pertes à l'expéditeur. Le luxe, pour cet objet, marche à pas comptés. Les huiles doivent être comprises dans la même catégorie ; en un mot tout article que je n'indiquerai pas d'une manière précise devra être ou suspect ou chanceux, ceux dont je parlerai devant être considérés comme les meilleurs et les plus permanens.

Les fromages dits de Hollande, en petites caisses, sont d'une vente très-facile. Nos farines et nos comestibles y trouveront souvent un placement aisé, mais toujours dans les prix communs et lorsqu'ils auront beaucoup d'apparence.

La verroterie, la quincaillerie et la mercerie s'y vendent avec succès. Nos savons de Marseille, les anchois confits, amandes, noix, etc., trouvent aussi leurs amateurs.

Les souliers forts pour homme, et en satin pour femme, les veaux cirés (*Voyez* Détails, *Rio-Janeiro*), doivent s'y expédier avec modération.

A Fernambouc, l'article soierie est celui qui réclame la plus sérieuse, la plus scrupuleuse attention ; car les articles trop riches ne peuvent s'y écouler que très-lentement, et les communs y sont presque totalement rebutés. Il faut donc choisir des assortimens dans les prix moyens, en se souvenant toutefois qu'il est indispensable que les objets de Lyon ne laissent rien à désirer sur l'éclat et la vivacité des couleurs, les acheteurs, à Fernambouc, considérant beaucoup plus l'éclat que la bonté ; différence remarquable à établir avec Rio-Janeiro, où il ne faut que du *beau et du bon*. Pour donner une idée exacte de la véracité de cette observation, je dirai qu'en fait de soieries, une pacotille destinée pour Rio-Janeiro offrirait de la perte à Fer-

nambouc, comme celle apprêtée pour cette province, présenterait un mauvais résultat dans la
capitale ; il faut que ces dernières soient choisies
dans le bleu de ciel, noir-noir, rose vif, blanc,
un peu de vert. (*Voyez* Détails, *Rio-Janeiro.*)

L'argent et l'or y sont assez communs ; le premier ne vaut pas plus de 3 à 4 pour cent d'agio
(sur le cuivre), et l'autre de 7 à 9 pour cent ; et
ce sont les primes, les mains-fortes que subit la
monnaie métallique dans tout le Brésil : on n'y
connaît point de papier de banque, pas même
celui de la capitale.

Les produits de Fernambouc sont le coton, le
sucre, le café, le tabac, en quantités assez considérables, et l'indigo, le riz, l'ipécacuanha, l'a-
nis, en doses très-circonscrites, la culture de ces
végétaux étant encore dans son enfance dans
cette contrée. La récolte du coton est la plus
considérable, car nous savons tous que le coton
de Fernambouc est réputé en Europe comme un
des meilleurs que produisent les terres de la zone
torride ; et c'est ce qui fait qu'il n'est pas rare de
voir des navires, vendant leur cargaison à Rio-
Janeiro ou à Montévidéo, revenir prendre leur
retour à Fernambouc.

On y voit quelques cuirs, connus dans le commerce sous le nom de *cuirs du Brésil* ; mais leur
qualité est très-inférieure à ceux de Rio-Janeiro,
et surtout à ceux de Montévidéo. Ces derniers,

après les Buénos-Ayres, sont les plus beaux, les plus lourds et les mieux coutelés. Nos tanneurs établissent une différence de 5 à 10 pour cent entre les cuirs de Fernambouc et ceux de Rio-Janeiro; de 10 à 20 pour cent entre ces derniers et ceux de Montévidéo; et de 4 à 5 pour cent entre ceux-ci et les Buénos-Ayres.

On compte plusieurs mines de fer, de cuivre et d'argent dans les alentours de la ville. La lenteur, la presque nullité de leur exploitation, font dire que ces trésors, qui pourraient être en Europe des sources de richesses, ne sont pour ces contrées que des monumens de l'ignorance et de l'obscurité des hommes qui les habitent.

La douane de Fernambouc n'est pas très-rigoureuse; il n'y a point encore de bourse.

Les Français y sont très-bien vus, et il est flatteur de pouvoir dire que leur conduite commande l'estime et le respect de tous.

Les professions les plus lucratives sont celles de boulangers, bouchers, cordonniers, tailleurs, serruriers et ferblantiers.

DE BAHIA.

Bahia est à 200 lieues environ de Fernambouc, toujours en suivant la côte du Brésil : sa
position est à 12 degrés 58 minutes 23 secondes
de latitude sud, et à 40 degrés 51 minutes de longitude ouest.

Cette ville, autrefois la capitale du Brésil, sous
le nom de *San - Salvador*, est plus grande , mieux
bâtie et plus importante que Fernambouc et les
autres provinces : on y compte environ cent mille
âmes. La proportion des nègres avec les blancs
est un peu moins forte que dans cette dernière
ville.

Le mouillage des bâtimens de commerce est
en dedans de la ligne qui joindrait le fort *Do-
Mar* à la pointe de *Mont - Ferate*. On doit éviter, en s'y rendant, la basse *Panella*, que nous
n'avons pas reconnue nous-même, mais que les
pratiques du pays placent à cent cinquante toises
ouest, un quart nord-ouest du fort *Do-Mar*, et
sur laquelle ils disent qu'on ne trouve pas plus
de trois brasses et demie d'eau de basse mer. Le
meilleur endroit pour le mouillage est par le travers de l'obélisque du jardin public; on affour-
che sur la direction nord-nord-est et sud-sud-
ouest, qui est celle du flot et du jusant.

La baie de Bahia (que l'on nomme baie de

tous les Saints) forme un golfe de trente lieues de circuit. Les flottes les plus considérables y trouveraient une place aussi sûre que commode : on y entre sans pilote.

Au côté oriental de l'entrée principale, la terre s'élève en amphithéâtre. Depuis le rivage on distingue la ville *basse* et la ville *haute ;* cette dernière est bâtie sur un terrain inégal, et il faut gravir une montagne de dix minutes pour y parvenir.

Les cocotiers, orangers et bananiers qui entourent et séparent les habitations, offrent une fraîche et continuelle verdure, susceptible de charmer l'œil de l'homme le plus insensible aux beautés de la nature. A de certaines distances on dirait que ces arbres si beaux, si majestueux, ont leurs racines sur les toits des maisons qu'ils ne font cependant qu'environner.

La ville de Bahia a un président et un archevêque : les autorités et les grands habitent la haute ville, qui est la plus considérable, et c'est du haut de la terrasse qui est au-dessus du théâtre, qu'existe le coup d'œil le plus pittoresque, le plus sublime de l'Amérique méridionale.

La ville basse est sale et dégoûtante d'immondices ; les rues y sont étroites, mal pavées ; il est surprenant que les odeurs insalubres, dans un pays aussi près de la ligne, n'exercent pas une plus grande influence sur la santé des habitans.

Bahia est, par rapport aux contrées qui l'environnent, ce qu'est Limoges au Poitou et à l'Angoumois. Elle approvisionne tous les villages circonvoisins. La consommation et le commerce n'y sont peut être pas aussi actifs qu'à Fernambouc, proportion prise de la population respective; mais les besoins de l'intérieur des terres voisines équivalent à ceux de la ville elle-même.

Ce pays est sujet à de fréquentes révolutions, et c'est probablement ce qui y retient les élans de la consommation et du négoce. Lorsque nous y passâmes (décembre 1827) tous les magasins venaient d'être fermés, le commerce était dans une stagnation complète, par suite de la circulation de fausses monnaies que les autorités voulaient forcer à prendre. Les troubles furent très-sérieux, et le gouvernement trouva son salut dans une ordonnance à la fois pleine d'énergie et d'équité. La fausse monnaie fut rejetée, et les têtes se calmèrent, sinon de fait, du moins en apparence. Trois mois après une conspiration y éclata, mais on sait que les effets en furent avortés.

Cet esprit et cette propension au désordre portent de terribles coups au commerce de Bahia, puisque la confiance, cette âme, ce principe vital du négoce et de l'industrie, ne peut s'y établir de manière à porter la sécurité dans les transactions.

Les modes françaises commencent à exercer une influence directe sur l'esprit du sexe, qui, quoique farouche en ces climats, n'en subit pas moins la loi commune de la coquetterie. Déjà le corset, la robe, le chapeau de la sémillante Bahianaise, passent dans les mains de nos modistes et tailleuses. La négresse libre commence également à étendre jusque là ses prétentions, et je ne doute point que ce goût ne prenne chaque jour plus de consistance et de propagation.

Les articles de luxe, en général, y sont mieux appréciés qu'à Fernambouc. Comme ancienne capitale, Bahia se ressent encore de sa splendeur passée. Il est à présumer que cette ville offrira de grands débouchés à notre commerce lorsqu'elle aura pris une assiette plus sûre, c'est-à-dire quand les idées de républicanisme ne tourmenteront plus les habitans, et qu'ils auront senti tous les bienfaits du système des monarchies constitutionnelles. C'est en goûtant d'un fruit qu'on apprécie l'arbre qui l'a produit.

Les articles indiqués pour Fernambouc sont les mêmes qu'il faut apporter à Bahia, en observant toutefois qu'il les faut plus beaux, un peu plus solides dans le confectionnement, et en plus grande quantité ; les huiles et les vins muscats s'y vendent très-couramment, et à de beaux bénéfices quand l'on rencontre un moment où il y a des besoins.

L'argent et l'or y sont à plus hautes primes qu'à Fernambouc ; la différence peut aller de 1 et demi à 2 pour cent, selon les circonstances.

Il est à remarquer que les magasins de modes français n'y sont pas assez nombreux, et nos fugitives modistes feraient beaucoup mieux de se diriger vers Bahia, que d'augmenter chaque jour la concurrence qui existe entre elles à Rio-Janeiro.

La douane y est plus sévère qu'à Fernambouc ; la bourse y est assez moderne : on n'entre que chapeau bas dans ces deux établissemens.

Les productions de Bahia sont les mêmes que celles de Fernambouc, mais en moindre quantité, et surtout en qualités inférieures pour les cotons. Les oranges y passent pour être les meilleures et les plus belles du monde : on en voit dont la grosseur suffit pour remplir une assiette ordinaire, et elles sont sans pépins.

Les arts et les métiers y vivent presque généralement dans une heureuse aisance.

L'arsenal de Bahia est vaste et considérable ; c'est à un Français qu'est confiée la direction des travaux.

DE RIO-JANEIRO.

Rio-Janeiro est à quatre cents lieues environ de Bahia ; à 22 degrés 56 minutes 8 secondes de latitude sud, et à 45 degrés 34 minutes 43 secondes de longitude ouest. La baie de cette capitale touche au gigantesque, au sublime. L'amiral Roussin prétend qu'il n'en existe pas une pareille sur le globe.

Elle s'étend sur des diamètres de trois à quatre lieues en diverses directions, entre des montagnes d'une majestueuse élévation, couvertes toute l'année de la plus riche verdure, et dont la base, terminée en pente douce jusqu'à la mer, est occupée par de nombreux villages.

Des plantations de toute espèce, des maisons de campagne élégantes et entourées d'arbres, plusieurs îles boisées et habitées, ornent et diversifient la surface et les côtes de cette petite mer intérieure.

Le passage le plus fréquenté pour entrer dans la baie est entre le fort *Santa-Cruz* et le fort *Lage*. La variation probable des vents sous le *Pain-de-Sucre*, et les hautes terres voisines au pied desquelles il faudrait passer, l'irrégularité des courans et le fond de roche où l'ancre tomberait s'il fallait y mouiller, rendent ce passage, sinon impraticable, du moins très-dangereux : on dit même qu'il est défendu.

Du travers à 3oo toises à l'ouest du fort *Santa-Cruz*, la route directe pour se rendre au mouillage près des vaisseaux de guerre est le nord, 35 degrés ouest, jusqu'à ce qu'on soit dans l'est nord-est du fort de *Villagagnon*, à 3oo toises duquel on passe sans danger. De ce point on gouverne sur l'île *Dos-Ratos*; et, parvenu devant la ville, on choisit le mouillage, en observant, toutefois, de ne pas découvrir le *Pain-de-Sucre*, à l'ouest du fort *Villagagnon*. L'on entre sans pilote.

La ville de Rio-Janeiro, étant le siége du gouvernement du Brésil, présente un aspect beaucoup plus européen que les provinces. La cour y répand une certaine splendeur; les grands y affichent un luxe vraiment asiatique.

La beauté des places et des rues principales, la richesse, l'élégance des magasins français, le bruit et l'activité que suscite le commerce, le grand nombre d'étrangers qui habitent cette capitale, le mouvement inoui d'entrée et de sortie des navires marchands de toutes les nations, l'aspect d'une douane immense où des monceaux de marchandises ne font que paraître et disparaître incessamment, forment l'ensemble d'un tableau auquel le voyageur est loin de s'attendre, en débarquant sur une terre encore entourée des signes de l'esclavage.

Le château de l'empereur, qui est sur le bord de la mer, est d'une architecture assez moderne,

3.

mais il n'est pas beau. La résidence impériale est à Saint-Christophe (à une lieue de la ville); ce Versailles brésilien ne présente rien d'assez remarquable pour en faire mention ; cependant on y fait des réparations qui pourront donner quelque air de majesté à la demeure de don Pédro. (*Voyez* le *Théâtre*, page 38.)

La chambre du sénat, celle des députés, la chapelle impériale et les églises, en général, sont les monumens les plus soignés, et ceux qui se rappochent le plus de l'architecture contemporaine. (*Voyez* les *Mines*, page 38.)

Le système monétaire n'est point le même à Rio-Janeiro que dans les provinces. Le Portugal et l'Angleterre ayant épuisé les trésors de cette capitale sous le règne du roi Juan VI, cette catastrophe, jointe aux difficultés qu'éprouvait le commerce dans ses transactions journalières par suite de la mauvaise administration des finances, suggéra l'idée à une société de négocians et de capitalistes de se faire autoriser par le gouvernement à installer une banque. Le roi acquiesça à cette demande, et les fondemens de cet établissement furent basés sur des immeubles et des capitaux immenses.

La banque émit des coupons de 25 à 600 fr., et cette monnaie fut préférée à l'or et à l'argent jusqu'au moment où le Brésil commença la guerre avec la république Argentine : dès cette époque les billets de banque perdirent, sinon de leur valeur intrinsèque, au moins de leur valeur effective ; c'est-à-dire que, par rapport au change de Paris et de Londres, un coupon de 4000 reis, qui équivalait à 25 fr. (d'après la loi qui porte la valeur du franc à 160 reis), a fini par n'être reçu que pour 20, 18, 15 et même 13 fr., selon les événemens politiques ou autres circonstances susceptibles de diminuer ou augmenter la confiance dans la banque, où le gouvernement a lui-même des actions.

Aujourd'hui on ne voit guère à Rio que du papier dans toutes les transactions. Le cuivre, l'argent et l'or y sont à des prix tellement exorbitans, que les marchands vendent préférablement leurs denrées à 30 pour cent en cuivre, 55 pour cent en argent, et 88 pour cent en or au-dessous de ce qu'ils en demandent en papier. En d'autres termes, ce même papier perd 30, 55 et 88 pour cent, selon le métal contre lequel on l'échange.

Pour tâcher de maintenir ou d'élever son crédit, la banque fait depuis quelque temps d'énormes sacrifices, en changeant journellement, contre de forts billets, des petits coupons, du cuivre, de l'argent et de l'or, sans en percevoir les primes respectives ; mais cet échange étant peu considérable par rapport au mouvement du commerce de la ville, ces sacrifices sont vains, et il est probable que cette crise financière ne cessera qu'avec la guerre contre la république de Buěnos-Ayres.

La consommation de Rio-Janeiro est au-dessus de ce que l'on peut en dire; les articles français y sont d'un écoulement assez facile quand ils sont en belle et bonne qualité; c'est là, là seulement où l'on peut porter des objets de luxe de tous prix, pourvu qu'ils soient choisis au goût du pays. Les grands se piquent de suivre les modes françaises, et il n'y a point de femme au-dessus de la classe ordinaire qui ne soit habillée par nos modistes et tailleuses. Les dames de la cour suivent absolument le genre parisien, et il semble tout naturel que ce soit sur l'ambassadrice française qu'on doive toujours prendre les nuances des grâces et du bon ton. (Paroles de S. M. l'Empereur à madame la marquise de Gabriac. (Voyez *Manufacture*, page 4o.)

Le théâtre de Rio-Janeiro, dont la salle est fort belle et très-vaste, présente un aspect surprenant à l'œil du voyageur : si les acteurs répondaient à sa magnificence, et que le spectateur ne considérât que la parure des dames, il serait tenté de se croire au Grand-Opéra.

Les mines d'or, d'argent, les ruisseaux à diamans, etc., paraissent de toutes parts dans les environs de Rio-Janeiro. A vingt lieues de la ville se trouvent les mines dites *Minas-Géraes* (Mines publiques); c'est dans la province qui porte ce nom qu'est située la mine *Songo-Cogo*, exploitée par

une compagnie anglaise qui en tire journellement
de 8 à 12 livres d'or. Le jour du mercredi-saint
de l'année dernière elle enleva un branchage de
56 livres.

Cette compagnie a acheté sa licence 360 contos
de reis (2,250,000 francs) ; et encore le gouvernement s'est réservé sur cette vente 25 pour
cent sur l'exploitation de la mine.

Dans l'intérieur des terres, il est commun, à
l'aide d'un microscope, de distinguer au fond de
quelques ruisseaux la poudre d'or couler et suivre le grain de sable qui l'entraîne ; mais il en
est de cette poudre comme des métaux et des diamans : les peines les plus sévères frappent ceux
qui s'exposent à y toucher sans autorisation du
gouvernement : l'homme pris en flagrant délit a
le poignet coupé et est transporté sur la côte d'An-
gola ; néanmoins il est reconnu que souvent la
tentation est encore plus forte que la peine.

Quand on a découvert une mine quelconque,
il faut en faire la déclaration au ministre de la
justice, qui, selon l'importance de la découverte,
en fait une répartition entre la classe générale
des minaires, le gouvernement et le déclarant.
Ce qui fait que bonne partie de ceux qui trouvent jugent souvent convenable de tâcher d'exploiter en petit et clandestinement.

L'exploitation annuelle de toutes les mines
d'or, d'argent, et celle des diamans et pierre-

ries du Brésil, ne sauraient être déterminées d'une manière précise et positive, en raison de l'immense contrebande que l'ambition suscite sur tous ces trésors; cependant le lecteur pourra s'en former une idée par les détails que j'ai recueillis de la bouche d'hommes attachés aux archives du gouvernement, et dont les lumières peuvent être comparées à la bonne foi.

Il y a quatre provinces principales où se trouvent avec plus d'abondance les mines de métaux et de diamans ; savoir : *Minas-Géraes*, *Saint-Paul*, *Goyaz*, *Mato-Grosso*.

On a déjà vu plus haut ce que produit la province de *Minas-Géraes* ; celle de *Saint-Paul* comporte fort peu de mines d'or; mais par contre, dans l'arrondissement de *Coritiba*, où coule la rivière nommée *Tibagi*, on trouve de grandes quantités de diamans, et les mines de fer et de cuivre y sont considérables.

Je ne dois pas taire, en passant, qu'une filature de coton établie à *Saint-Paul*, avec la quantité proportionnée de tisserands, serait susceptible de donner des bénéfices énormes à celui qui l'entreprendrait. Il suffira de dire, pour donner une idée de ces bénéfices, que la matière première s'obtient sur les lieux à 2 ou 3 pataques l'arrobe (4 fr. environ les 3o livres), et que les besoins de cette province sont de la plus haute importance, par rapport à son luxe et à sa grande population.

Je livre cette observation aux méditations du capitaliste, en l'assurant qu'il n'est pas d'opération de banque qui puisse s'être égalée à celle-là. Reprenons :

La province de *Goyas* est mouillée par les rivières *Araguaraya*, *Piloens*, *Rio-Claro*, et *Cayapos*. C'est dans ces mêmes rivières que se trouvent les plus beaux, les plus riches diamans du monde. S'il y avait des têtes capables de diriger, puis des bras suffisans et aptes pour agir, la province de *Goyaz* pourrait donner des richesses incalculables au Brésil, puisqu'elle joint aux pierres précieuses les mines d'or et de fer les plus considérables : c'est un des riches et beaux climats du Brésil.

La province de *Mato-Grosso* renferme des quantités de mines d'or et argent. Il y a environ quarante ans que l'on sortit d'une terre nommée *Sapateyro* (elle porte ce nom, parce qu'en effet c'est un savetier qui la découvrit) la quantité de 42 arrobes d'or (1340 livres) dans l'espace de neuf jours ; et ce que l'on aura de la peine à croire, ce qui est cependant l'exacte vérité, et ce dont on pourra s'assurer en se procurant les archives de la province, c'est que, dans un des lieux où est édifiée aujourd'hui la ville de *Cuyaba*, lieu connu sous le nom d'*Ernesto*, et au moment de sa découverte, on a tiré, dans trente-cinq jours, l'énorme quantité de 400 arrobes d'or

(12,800 livres) !! *Mato-Grosso* est également très-fertile en mines de fer et de diamans.

Voici les détails les plus exacts, les plus circonstanciés que l'on puisse donner sur les mines et ruisseaux du Brésil ; et, d'après ce petit exposé, il me semble que je puis répéter encore que la France méconnaît ses intérêts, quand elle néglige de resserrer ses rapports avec ce vaste et riche empire.

Un capitaliste qui se déciderait à passer cinq ans avec une dizaine d'hommes capables, et trois cents ouvriers blancs, dans une des quatre provinces précitées, pourrait être certain d'y réaliser une valeur décuple de sa mise de fonds, en prenant des accommodemens avec le gouvernement pour l'exploitation.

J'évalue que l'on peut également décupler ses capitaux en achetant une *Fasenda* (plantation) de café, et la faisant cultiver soi-même pendant sept à huit ans : l'on peut considérer chaque pied de café comme rapportant net la valeur de *un franc* (l'Europe en paix). Différens propriétaires m'ayant soumis le produit de leurs récoltes, toutes proportions prises, je ne puis guère m'éloigner de plus de cinq à sept centimes et demi, selon les nuances et la qualité de la graine, qui, comme nous le savons, diffèrent suivant la situation des terres où se trouve la plantation.

Les sucreries sont généralement moins estimées, à cause de la main-d'œuvre qui en est très-dispendieuse. (Voyez *Système monétaire*, page 36 à 38, jusqu'aux mots *bon ton*).

Nos manufactures de draps pourraient trouver un grand débouché dans le Brésil, et principalement à Rio-Janeiro, en s'appliquant à fabriquer, pour ces contrées, des draps *légers, fins, ayant beaucoup d'éclat et d'apparence;* en un mot, il faudrait travailler sur échantillon anglais, et pouvoir établir la marchandise au même prix que ces derniers : voici ce que nos manufactures doivent faire si elles veulent rivaliser avec celles de la Grande-Bretagne; hors de ce moyen, elles ne feront que glaner là où les autres moissonneront.

Toutes les fois que l'on enverra au Brésil des draps lourds, forts, nourris, ceux enfin qui demandent le plus de travail et de matière en fabrique, on perdra son temps et son argent (1). Les couleurs les plus recherchées sont le bleu clair, le bleu de roi, et le noir-noir.

Nos indiennes commencent à être préférées aux anglaises, surtout quand on les choisit à grands dessins vifs, et dans les couleurs rose, bleu-de-ciel, et ombrée. Encore un peu plus d'éclat et de fraîcheur, puis nous enlevons cet article à notre rivale.

---

(1) On ne vendra jamais plus de 3,000 à 3,400 reis le covado. Il faut un covado et 70 centièmes pour former l'aune française.

Les *soieries* françaises sont les préférées à Rio-Janeiro ; cet article offre un débouché considérable et des avantages très-beaux quand il est travaillé au goût du pays : il ne faut point porter d'autres couleurs que le *blanc-blanc, noir-noir,* bleu-de-ciel, rose vif, et un peu de vert. Il y a 40 à 50 pour cent de différence pour les autres nuances.

Je désignerai comme objets principaux les satins unis, satins ouvrés, fichus $\frac{3}{4}$ ombrés et quadrillés, les châles 5 et $\frac{6}{4}$ riches : point de $\frac{4}{4}$; robes lamées or ou argent, fausse blonde, rubans de ceinture, bandes brodées ; châles de laine boiteux, fond uni, 5 et $\frac{6}{4}$, etc., etc. Mais toujours du beau, du riche, de l'éclat, ou rien.

Il y a de certains articles (le nombre en est petit) de l'Inde et d'Angleterre avec lesquels nous ne pouvons rivaliser, parce que pour eux les noms sont incrustés dans la tête de la consommation ; mais aussi les articles de Paris et de Lyon sont à nous exclusivement, et quand on dit que nos soieries ne vont pas dans le Brésil, on a tort ou l'on se trompe : il faut dire que celles qui ne sont pas choisies au goût du pays offrent de la perte, on dira vrai.

Nos *huiles* et surtout nos savons sont sur le point d'être les plus recherchés. Les savons espagnols, qui naguère étaient préférés aux nôtres, perdent chaque jour de leur vogue première; il les faut envoyer en caisses de 40 à 50 livres susceptibles d'être transportées à dos de mulet, ce qui en facilite la vente pour l'intérieur; il faut que la barre soit forte, nuance tirant sur le rougeâtre, entre le bleu vif et le bleu pâle.

Nos farines de Moissac, en première qualité, s'y écoulent facilement et à bénéfices. (*Voyez* cet article au chapitre *Douanes.*) Il convient qu'elles ne soient pas trop pressées dans les barils, pour éviter qu'elles se trouvent en pierre à l'arrivée. L'époque où cet article est le plus avantageux est depuis le mois de juin jusqu'à octobre; pendant ces cinq mois les arrivages [des États-Unis pouvant être considérés comme nuls quant à cette branche.

Les veaux cirés méritent l'attention sérieuse de l'expéditeur; cet article, qui est un des plus lucratifs et des plus courans, doit être bien corroyé, luisant, à l'épreuve de la piqûre, et l'on doit avoir soin d'y mettre le mot *Nantes* dans l'intérieur, les cuirs de Bretagne étant considérés au Brésil comme les meilleurs.

Si, par l'effet de circonstances imprévues, l'article se trouvait abondant et à vil prix (ce qui est susceptible de se présenter une ou deux fois dans l'année), je conseille au subrécargue ou capitaine de ne point vendre alors même qu'il dût attendre cinq et six mois pour réaliser; il peut être certain de bien opérer en agissant ainsi, car la consommation amène le besoin, et celui-ci se faisant sentir à deux ou trois époques différentes, la hausse est dès lors inévitable.

Nos papiers peints, qui jusqu'à ce jour offraient une perte certaine, sont sur le point de pouvoir se mettre sur la ligne des articles à envoyer à Rio-Janeiro, seulement quand ils sont choisis dans le beau. La haute classe, qui naguère recevait dans des appartemens nus, commence à orner ses salons de riches tapisseries veloutées, fond rouge, bleu vif, rose vif, avec de belles et élégantes bordures. L'impulsion est donnée, il faut en attendre les effets.

L'essence de térébenthine, en dames-jeannes bien bouchées et cachetées avec de la cire, pour éviter le coulage et l'évaporation, est un article bien souvent recherché à Rio-Janeiro; et maintenant que les enseignes, les devantures, les magasins et les maisons se peignent comme en France, les besoins de ce liquide deviennent d'une certaine importance. On aura soin de ne point arrimer les dames-jeannes avec ni sur d'autres marchandises. Elles doivent avoir une place pour elles.

Les pantoufles vertes et lilas, les souliers pour homme forts et larges, les chaussettes blanches en fil, les éventails chamarrés d'or avec figures, les eaux de Cologne en jolis flacons, la parfumerie en extrait d'odeur et la pommade seulement, la quincaillerie, les pointes de Paris, les cartes à jouer espagnoles et portugaises, le papier à lettre, etc. (1), sont des articles qui, quoique secondaires, ne doivent pas être oubliés dans un chargement.

La consommation des *vins de Bordeaux*, dont il a déjà été parlé (*voyez* art. *Fernambouc*), est assez considérable à Rio-Janeiro, en raison de la quantité de Français et d'étrangers qui habitent cette capitale, dont on peut porter le nombre à douze mille; ce qui donne un peu plus d'action à cette consommation, c'est que le Portugais commence à les trouver bons pour le coupage des vins d'Oporto. Rio-Janeiro est la seule ville où il ne soit pas imprudent d'en porter dans un chargement cent à cent vingt tonneaux.

Les *vins* dits *Roussillons*, imitant ceux de Catalogne, en pipes de cinquante à cinquante-cinq veltes, se vendent très-couramment. Mais, je le répéterai, le point où les négocians de Bordeaux (que cet article regarde particulièrement) doivent viser avec la plus scrupuleuse attention, c'est l'imitation des vins d'Oporto : en parvenant à ce but essentiel, ils auraient un commerce immense à établir, et des bénéfices énormes à réa-

____

(1) Une compagnie de Français et d'Anglais va monter une fabrique de papiers à deux lieues de Rio-Janeiro; il est douteux qu'elle réussisse : il n'y a au Brésil ni mécaniques ni matières premières.

liser, puisque le cours de la pipe de ce vin, connu sous la dénomination de *vinho do Porto feitoria*, était, lors de mon départ (20 juillet), de 180 à 230,000 reis (6 à 800 francs la pipe). Que les faiseurs jugent si ce prix leur laisse de la marge, et si leur industrie n'est pas en défaut!

Les *vins de Champagne,* en caisses de douze bouteilles, y sont recherchés, et payés de bons prix; cependant il ne faut y porter que du mousseux factice, à cause de la casse qui peut être très-onéreuse; il ne conviendrait pas de l'acheter en France plus de 2 fr. la bouteille.

Les vins muscats *en bouteilles blanches,* bien limpides, couleur dorée, s'y écoulent, mais ce n'est pas un très-bon article. Il n'en faut point en pipes.

Les vins de Madère, d'Alicante, de Malaga, pas plus que les fruits à l'eau-de-vie, ne doivent aborder le Brésil que dans dix ou quinze ans.

Les anisettes en pomponnels, roses et blanches, sont dans la même catégorie que les vins muscats en caisse.

Nos *eaux-de-vie* sont goûtées et recherchées dans tout le Brésil, mais principalement à Bahia et à Rio-Janeiro, quand elles sont en barils de 12, 15 et 30 veltes ($\frac{5}{8}$ de 12 veltes, $\frac{2}{8}$ de 15 et $\frac{1}{8}$ de 30), bien cerclés en fer, et coloriées comme pour les Etats-Unis, de la force de vingt-deux degrés, marque Cognac. Les liqueurs fines commencent à y être prisées par les gourmets, mais il faut aller très-modérément dans ce dernier article.

Les $\frac{3}{6}$ peuvent s'y expédier par quantité de vingt à trente pièces par chargement, et je dois dire, en terminant ce chapitre, que j'entends toujours par chargement environ deux cents tonneaux, parce qu'un navire d'une plus grande dimension ne convient pas à ces pays; je présume qu'un brick de la contenance indiquée trouvera souvent un fret en retour, tandis qu'un bâtiment de trois cents à trois cent cinquante tonneaux restera quelquefois deux et trois mois dans le port sans trouver de chargement; les faits ne sont malheureusement que trop à l'appui de cette assertion.

La morue serait un article de grande importance sous le rapport de la navigation à laquelle elle donne lieu. Importée au Brésil depuis octobre jusqu'en mai, le prix moyen est de 45 à 48 f. les cent quatorze livres, poids de marc.

La consommation des esclaves offre au commerce anglais un débouché immense de toiles fabriquées, qui leur servent de vêtemens. Toutefois ce commerce devra décliner incessamment, puisque, à dater du 1er janvier 1830, le Brésil cessera d'avoir le droit de faire la traite des nègres, et qu'il est reconnu que la mortalité, chez ceux-ci, l'emporte sur la reproduction. La France pourrait lutter avantageusement avec l'Angleterre sur cette importante branche, mais il faudrait qu'elle s'avisât d'égaler la légèreté des tissus, ce qu'elle n'a point encore fait.

Je dirai même qu'en thèse générale tous les objets de nos fabriques, par l'élégance des dessins et le fini du travail, l'emportent sur les autres nations ; mais que, confectionnant avec trop de soin, nous nous mettons dans le cas de ne pouvoir livrer aux prix établis par la consommation, qui, quoique appréciant la bonté et la durée de nos articles, se laisse quelquefois entraîner pour d'autres, tout en connaissant leur légèreté et leur superficie, éblouie qu'elle est par la modicité du prix.

Ici se terminent les détails sur les marchandises qui m'ont paru à la fois les plus courantes, et mériter le plus l'attention du négociant : sans doute il y a une infinité d'autres petits articles qui présentent également des bénéfices à la spéculation, mais ceux sur lesquels j'ai cherché à attirer les regards et la réflexion du lecteur doivent être considérés comme les plus importans ; ce sont ceux-là que je signale au commerce, comme devant être l'objet de ses profondes méditations.

Les villes de Rio-Granda et Montévidéo sont des places également très-importantes, mais la guerre paralyse tellement leur commerce, que jusqu'à nouvel ordre il ne peut nous convenir

de diriger nos vues sur ces deux provinces du
Brésil : les goûts et les modes de la première sont
les mêmes qu'à Rio-Janeiro, et ceux de la dernière se rapprochent un peu plus des mœurs espagnoles.

DEUXIÈME PARTIE.

DOUANES

ET

CONVENTIONS COMMERCIALES.

DOUANES.

Les marchandises françaises sont assujéties à un droit de 15 pour cent, pris, non sur la valeur des articles d'après factures, mais bien sur l'estimation de la *pauta* (tarif des douanes qui se trouve à la fin de cet ouvrage), en sorte que souvent on paie bien plus de 15 pour cent, puisqu'il y a des objets qui y sont évalués deux et trois fois leur valeur effective. Par exemple, je citerai les estampes encadrées, de la grandeur de 10 pouces et 2 lignes, qui sont estimées sur la *pauta* à 10,000 reis (au change du jour, qui est de 3oo reis le franc, 34 fr.), et qui ne se vendent pas plus de 7 à 8oo reis (2 fr. 75 c.). Hé bien ! en payant les 15 pour cent, d'après le tarif sur l'estimation de 10,000 reis, il reste évident que l'on aura 15oo reis de droits à payer sur un objet que l'on ne vendra que 7 à 8oo reis.

Voilà de ces abus de douanes que la dignité du

gouvernement français ne devrait point supporter : notre traité de commerce avec le Brésil se
ressent trop de l'administration sous laquelle il
s'effectua........ (Voy. *Droits de douanes.*)

RÉCLAMATIONS.

Quand la marchandise est encore en douane
et que la dépêche n'est pas couchée sur le grand-
livre, on peut avoir recours à l'ambassadeur ou
au consul français pour réclamer contre des abus
ou des vexations de douanes dans le genre de
celui précité : quelquefois il suffit de faire *hum
recrimento* (une pétition) au grand-juge ou au
ministre compétent.

DE LA DÉPÊCHE.

Lorsque la marchandise est montée dans la
grand'salle d'ouverture (salle où elle se vérifie),
et qu'on veut la dépêcher, il faut présenter *hum
recrimento* au grand-juge de la douane, lui demandant à obtenir la sortie de *telles* caisses con-
tenant *telles* marchandises (donnant détail de
facture), en désignant les marques, numéros, le
nom du navire, celui du capitaine, le jour de
son entrée, le jour qu'il a été déchargé en douane,
le nom du propriétaire de la marchandise, ou
celui du consignataire, et enfin le port d'où sort
le navire.

Selon que l'on a plus ou moins de caisses, on
doit diviser sa dépêche en deux, trois, quatre,

cinq parties, pour obtenir deux, trois, quatre, cinq feytors, et que la vérification se fasse plus promptement.

Cependant il est utile de faire observer ici que ce mode de vérification, encore bien qu'il soit le plus expéditif, n'est pas souvent le plus avantageux; car je laisse à juger quel est le meilleur des deux : d'être expédié sans délais en courant le risque d'être dupé, ou de perdre un peu plus de temps en douane, et de faire sa dépêche avec sécurité.

Quand le subrécargue ou le capitaine seront consignés à une maison dont ils connaîtront la moralité, ils pourront peut-être courir sans danger *le mode accéléré*, pourvu, toutefois, qu'elle n'apporte pas la froideur et la nonchalance ordinaires qu'elles emploient presque toutes dans cette fatigante mais bien sérieuse opération.

Ce travail est tellement pénible, tellement ingrat qu'il n'y aura jamais qu'un bon subrécargue, ayant à cœur de remplir dignement son mandat, qui aura le courage de l'entreprendre; et encore souvent le dévoûment et le zèle ne suffiront pas s'il n'a l'activité et l'intelligence voulues, et s'il ne parle le portugais : je dirai même que pour agir avec discernement, un premier voyage au Brésil et la familiarité avec la *pauta* sont indispensables.

Il y a également de *certaines nuances à saisir*,

qui ne s'écrivent pas : c'est l'œil ou la perspica-
cité de l'individu qui doivent agir.

Quand les marchandises se trouvent avariées,
il faut dresser sur-le-champ *hum recrimento* au
grand-juge, pour obtenir une diminution sur les
droits, de même que lorsque des barriques ou
de certaines quantités de bouteilles sont vides
ou cassées en sortant du navire. Dans ce dernier
cas, ce n'est plus au grand-juge, mais bien à
l'administrateur *da estiva* (de l'estive) qu'il faut
adresser ses réclamations ; quand il y a casse
dans les verroteries, cristaux, porcelaines, etc.,
il faut en agir de même; et si les employés ne
font pas droit à la demande, il faut en donner
connaissance au consul ou à l'ambassadeur français, selon que l'objet est plus ou moins important.

Le dépêchant est assez ordinairement un
homme dont la probité doit se considérer comme
très-suspecte. Quel qu'il soit, si l'on ne peut s'en
passer (et c'est assez difficile), il faut avoir de
grands yeux ouverts sur lui, et de plus le soin
de ne faire ouvrir les caisses qu'*une par une ;* se
faire soumettre le détail de l'évaluation de chaque caisse par le feytor, pour examiner s'il n'y
a rien qui paraisse exorbitant dans ladite estimation, parce que, dans ce dernier cas, l'on peut
faire ses observations et réclamations, puisque
la dépêche n'est pas encore lancée, tandis qu'a-

près que cette formalité est remplie, toute demande est considérée comme non avenue; il n'y a plus rien à obtenir.

Les convenances ne me permettant pas de signaler ici les finesses improbes du dépêchant, je dois du moins prévenir le subrécargue contre de pareils abus.

DU PLOMB.

Quand la marchandise sort de la grand'salle d'ouverture, elle est conduite dans un magasin adjacent où elle est scellée d'un plomb qui coûte 10 reis pour chaque objet; c'est dans ce magasin que, sous la protection et la confusion d'un brouhaha de halle, se commettent parfois les vols les plus effrontés, et contre lesquels on ne saurait prendre trop de précautions.

Quand on a fini la vérification d'une caisse, et qu'elle reste en douane, il faut avoir le soin de la refermer *soi-même*, et la clouer de manière à ce qu'on ne puisse l'ouvrir sans faire de bruit : ceci est de toute rigueur pour celui qui tient aux intérêts qui lui sont confiés. (*Voyez* le dernier article.)

DE L'ESTIVE.

Les vins spiritueux, les liquides, et les comestibles, en général, se mettent dans un vaste emplacement adjacent à la douane, que les Brésiliens appellent *na estiva*; c'est là, là même qu'il faut tâcher de vendre ses vins spiritueux , etc. , etc. ; ils y valent 15 à 20 pour cent de plus que dans les magasins, parce que les acheteurs sont du moins assurés de les avoir sortant du navire, et par conséquent exempts d'eau , de campêche, etc. Le Portugais n'achète qu'à l'*estive*.

FRAIS DE DOUANES.

Chaque article est scellé d'un plomb qui coûte 10 reis.

Droits de *capatasia*. . .	450	reis par caisse.	
Id. *misericorda*. .	320	*id.*	
Id. *marcas*.	320	*id.*	
Id. *billete*.	80	par marque.	
Commission du *dépéchant*. .	1000	par caisse.	

Nota. A mon départ, on allait abolir le plombage.

Pour les vins, il faut compter 4,000 reis environ de droits par barrique, y compris les

240 reis de *capatasia*.
240 reis de *misericorde*.
320 reis de *marques*.

La douane évalue une pièce de vin de 60 veltes 54,000 reis, et elle prend les droits de 15 pour cent sur cette somme, en accordant un rabais de 3 à 5 pour cent pour le coulage présumé pendant le voyage.

La pièce d'eau-de-vie française est estimée par

la *pauta* à 110,000 reis; les 15 pour cent sont également pris sur cette estimation.

PROHIBITION.

En fait de marchandises, rien n'est prohibé à l'entrée par les douanes du Brésil. Les armes seulement sont sujettes à de certaines formalités. (*Voir* le consul brésilien du port de départ du navire.)

ORIGINE DES MARCHANDISES. — DROITS DE QUINZE POUR CENT.

Les marchandises reconnues d'origine française, par le consul brésilien du port d'où est parti le navire, ne paient que 15 pour cent de droits, d'après l'évaluation de la *pauta*.

Pour les articles qui ne figurent pas sur ce tarif, le négociant a la faculté de ne payer les 15 pour cent que sur son estimation propre; mais si la douane pense qu'il évalue des prix au-dessous de la valeur réelle, elle a le droit de s'appliquer la marchandise, en en payant les frais d'entrée, et donnant 10 pour cent de prime au négociant, en sus de ce qu'il l'a lui-même estimée; cette faculté n'est donc qu'illusoire, et il ne faut en user que très-modérément.

DROITS DE VINGT-QUATRE POUR CENT.

Les marchandises non reconnues d'origine

française par le consul du Brésil, paient 24 pour cent de droits d'entrée, et, dans ce cas, celles qui ne figurent pas sur le tarif des douanes ne peuvent plus être évaluées par le négociant, mais bien par les employés, qui ne manquent pas de faire payer cher cette négligence ou ce défaut d'expérience.

Il me semble que le gouvernement français devrait exiger, pour son commerce, l'article du traité *des villes anséatiques* avec le Brésil, qui porte que *le pavillon suffira pour garantir la marchandise des droits de 24 pour cent* : la France a des titres à la reconnaissance du Brésil. Celui-ci paraît trop souvent l'oublier.

MARQUES ET FICELLES.

Il faut autant que possible éviter un grand nombre de marques sur les caisses, balles, barriques, etc., etc.; car, autant il y en a de différentes, autant de *pataques* (2 francs) à payer en sus des droits de 15 pour cent.

Il est également très-important de ne point mettre de ficelles aux paniers d'huile, sacs de farine, etc. Un capitaine qui avait mille sacs de farine à son bord (février 1828) paya 2,000 fr. de droits de ficelle, c'est-à-dire une pataque par sac.

DU GUARDA-MOR ET DU FEYTOR.

Le *guarda-mor* est celui qui peut tout, pendant que le navire est en rade. Le *feytor* est dans le même cas lorsque la marchandise est entrée en douane; c'est ce dernier qui estime les articles, la *pauta* (tarif) et le *cavado* (mesure) à la main; *il est important d'en faire son ami.*

Le reste des employés doit être mené durement, ce sont autant de *mains* dont il faut se défier, un châle, une robe de cinq à six cents francs leur font toujours plaisir; et quand ils sont pris sur le fait, ils ne manquent pas de vous dire qu'ils allaient porter la pièce à l'estimation.

ABUS A REPOUSSER.

Quand le feytor est injuste, et qu'il évalue les marchandises plus haut que la *pauta*, ou qu'il les comprend dans une classe plus onéreuse qu'elles ne le sont réellement, etc., etc., on a le droit d'en appeler au doyen ou syndic de la table des feytors; si celui-ci ne rend pas justice, on doit s'adresser au grand-juge, et enfin au ministre de la douane, si le juge dédaigne la réclamation.

DROITS.

Le navire paie les droits sur ses câbles, rechange de voile, etc., et même sur les comestibles qui restent encore à bord au moment où il est déclaré en douane.

ENTRÉE EN RADE.

Lorsqu'un navire entre dans un des ports du

Brésil, il faut qu'il hisse son pavillon national et départemental ; qu'il se tienne en dehors des forts jusqu'au moment où le civil, la santé et la douane l'aient visité ; s'il avançait en rade avant ces formalités, le fort tirerait sur lui, et chaque coup de canon est aux frais du capitaine.

Les navires déchargent chacun à leur tour et par ordre des jours d'arrivée.

SORTIE DE RADE.

Un capitaine qui voudrait sortir d'un port sans être en règle avec la police et la douane, ou sans avoir tous ses papiers, s'exposerait à de graves inconvéniens ; entre autres, les forts tireraient sur lui : il pourrait en résulter des événemens fâcheux pour le navire.

ANCRAGES ET ESCALES.

L'ancrage d'un navire est de 1000 reis par jour. Les frais de la déclaration en douane, expéditions d'entrée, visite des autorités, etc., etc., s'élèvent de 700 à 1100 fr., selon le port, et selon que l'on est plus ou moins bien représenté par le subrécargue ou capitaine : à Fernambouc j'ai vu des capitaines payer 1000 fr. d'entrée, ignorant les moyens par lesquels on peut les économiser ; les voici :

Quand le navire doit faire des escales, pour éviter les droits énormes de 1000 fr. d'entrée, il faut rester en dehors de la baie, se déclarer en *franchise*, envoyer un canot à terre sous prétexte de besoin d'eau, agir ainsi une couple de jours, et voir si, d'après l'état des choses, on doit ou non rester pour vendre dans le port. Le cas contraire échéant, on repart sans nulle formalité, et c'est ainsi qu'un subrécargue, qui aurait trois ou quatre escales à faire dans différens ports, peut économiser 3 et 4,000 fr. à ses armateurs.

Si l'on veut vendre des marchandises dans les escales, la douane n'accorde que deux heures par jour d'ouverture des écoutilles, et l'on paie pour cette licence 12 fr. par jour : cependant l'expérience apprend que les douanes de Fernambouc et de Bahia sont moins rigoureuses.

Quand (dans les escales) on a opéré quelque vente, et que l'on se dirige sur un autre port, il faut avoir bien soin d'obtenir l'acquit du paiement de droits des marchandises débarquées, et le faire apposer sur le manifeste; sans cette formalité l'on paie une seconde fois les droits de ces mêmes marchandises, puisque la nouvelle douane vous soupçonne d'avoir fait la contrebande. Cela m'est arrivé à Rio-Janeiro pour des articles vendus à Fernambouc.

RÉEXPORTATION.

Lorsqu'une marchandise offre trop de perte pour la vendre dans le Brésil, et qu'on veut la rapporter en France, il faut en payer le tiers des droits, c'est-à-dire 5 pour cent de réexportation (toujours pris sur l'évaluation du tarif des douanes) ; et encore cette opération ne peut avoir lieu que pendant que la marchandise est toujours en douane, et qu'elle n'y est point dépêchée, car aussitôt couchée sur le grand-livre, il faut qu'elle se consomme dans l'empire.

Cette disposition est tellement rigoureuse que l'étranger qui, arrivant, ne connaît ordinairement ni le cours de la place, ni la possibilité qu'il y ait des articles payant jusqu'à 100 pour cent de droit d'entrée, laisse bénévolement dépêcher ses marchandises, et se trouve forcé de les vendre alors même qu'elles lui présentent la perte de son capital.

DU MANIFESTE.

Il faut que le manifeste soit identique avec les factures et connaissement, par les marques, numéros, etc., car, différemment, le capitaine éprouve des retards et des difficultés extrêmement préjudiciables ; il faut aussi qu'il soit signé par le consul brésilien du port d'où part le navire, et qu'il soit bien constaté par lui que les marchandises qu'il comporte sont d'origine française. L'on a vu plus haut quel tort ce manque d'expérience entraîne avec lui. (*Voy.* page 59.) (1)

(1) Le manifeste doit être soumis à la douane douze heures après l'entrée du navire.

CABOTAGE.

Les navires étrangers ne peuvent faire le ca-
botage dans les différens ports du Brésil. Pour
qu'une marchandise française puisse être transpor-
tée d'un port à un autre, il faut qu'elle soit chargée
sur un navire brésilien. Cependant, à la rigueur;
tant que la marchandise est encore en douane, et
qu'on n'en a pas encore payé les droits, on obtient
souvent du gouvernement de pouvoir les transporter dans une autre province du Brésil, par le
même navire français qui les avait primitivement
venant d'Europe; quelquefois même le changement de navire n'est pas un obstacle.

On peut expédier des marchandises françaises
d'un port du Brésil à un autre, par navire brésilien ; mais il faut avoir soin de se faire donner les
cartas de guye (acquit de paiement des droits),
pour ne pas se trouver dans le cas d'en payer une
deuxième fois les droits, comme on l'a déjà dit.

SAISIES.

Il est indispensable de connaître la langue
portugaise, et il faut joindre à un certain aplomb
dans les affaires, une activité et une intelligence
peu commune, pour obtenir quelques faveurs de
la douane. La moindre imprudence que peut
faire commettre un manque d'habitude, compro-
mettra à la fois une opération, un capitaine, un

subrécargue. A Bahia, j'ai vu saisir 160,000 fr. de soieries françaises. (décembre 1827).

Aussitôt qu'on a fait l'achat d'une marchandise en retour, et qu'on veut la charger sur un navire, il faut aller au consulat (*bureau de douane, sortie des marchandises*) déclarer la quantité d'arrobes (ou poids), la qualité de la marchandise, le nom du chargeur, celui du navire qui reçoit, pour obtenir une billette d'accompagnement; sans cela, sans cette billette qui constate que le receveur a perçu les droits, on peut saisir vos marchandises, alors même qu'elles seraient encore dans la baie.

Il reste entendu que moins on déclare de poids, moins on a de droits à payer; mais il ne faut pas croire pouvoir abuser de la confiance qu'accorde la douane au négociant, il faut être très-modéré pour ne pas se rendre victime de son imprudence : sur cent livres on peut en gagner dix sans danger.

CONSULAT.

Les émolumens du consul français, sur l'entrée d'un navire de trois cents tonneaux, sont de 12,000 reis, et les autres en proportion.

Les navires en relâche ne paient que moitié prix.

DROITS DE SORTIE.

Les cafés sortant du Brésil paient un droit de

sortie de 9 pour cent sur l'estimation faite par la douane, et, suivant le cours de la place, des qualités que l'on charge pour l'Europe; plus, 80 reis par arrobe de consulat.

Quand la *pauta hebdomadaire* porte l'évaluation de l'arrobe de café à plus de 4,000 reis, alors celte graine rentre dans la classe des autres denrées, et les droits ne se perçoivent qu'à raison de 2 pour cent.

Lorsque les cafés que l'on charge ont été cueillis dans des terres lointaines, la douane ne compte que 8 pour cent de sortie, en considération des frais de transport qu'a dû payer le propriétaire.

Le sucre, le coton, l'anis, les cuirs, le riz, l'indigo, le crin, l'ipécacuanha, le tabac, etc., etc., paient des droits presque insignifians; mais toujours 2 pour cent de consulat sur l'évaluation de la *pauta hebdomadaire.*

MÉTAUX ET DIAMANS.

Le cuivre, l'argent et l'or, portant les armoiries du Brésil, ne peuvent point sortir de l'empire, pas plus que les diamans et la poudre d'or : il est entendu que cette disposition n'atteint ni les onces, ni les piastres et autres monnaies étrangères. Toute monnaie du Brésil trouvée à bord d'un navire en partance pour l'Europe, est susceptible d'être saisie.

CONSTITUTION DU DROIT DE RÉCLAMATION ENVERS LA DOUANE ET LE DÉPÊCHANT.

Lorsque le subrécargue effectuera la dépêche, il aura le soin, en allant en douanes, d'être muni de ses factures pour faire constater l'identité du contenu de chaque caisse par le *feytor* et le *dépêchant.*

Si, à la porte de sortie (porte où se fait la dernière vérification de la douane), il s'aperçoit de quelque soustraction de marchandises, il peut arrêter l'opération, en exhibant la facture et le certificat d'identité, et réclamer au grand-juge la valeur ou le remplacement des objets manquans.

Après que la marchandise a passé la dernière porte et qu'elle est couchée sur le livre de sortie, toute réclamation envers la douane est considérée comme non avenue. Cela posé, je dois dire qu'en quittant le seuil de la porte il faudra prendre son dépêchant, suivre les marchandises jusqu'au magasin, et en faire avec lui la vérification. En agissant ainsi l'on peut paraître un peu sévère, mais aussi l'on se conserve le droit de lui réclamer l'équivalent de la soustraction : ce droit étant déjà constitué par son propre engagement, c'est la marche à la fois la plus sûre et la plus légale.

Si le dépêchant n'a pas conduit et suivi la marchandise, il peut se refuser au paiement ou au remplacement de l'article soustrait.

5.

DROIT DE CONTRÔLER.

Si le subrécargue a lieu de fonder quelques doutes sur la probité ou la délicatesse du dépêchant, par cela seul qu'il représente la maison au nom de laquelle s'est opérée la dépêche, il a droit d'obtenir du grand-juge la faculté de contrôler les écritures du livre dit : *Livre d'ouvertures, catégorie des* 15 *pour cent.* Ce livre est le miroir fidèle des dépêches françaises.

PASSE-PORT.

Pour éviter de payer 100 francs de passe-port pris à la police brésilienne, le subrécargue devra se faire inscrire sur le rôle du capitaine, comme faisant partie de l'équipage du navire sur lequel il s'embarquera : un simple passe-port du consul français le met à l'abri de tous désagrémens à son arrivée en France.

OUVERTURE ET FERMETURE DE LA DOUANE.

La douane de Rio-Janeiro s'ouvre de huit heures et demie à neuf heures du matin, et se ferme à deux heures de relevée, en exceptant les jours où l'Empereur et le ministre s'y rendent, et ceux ou il y a abondance de marchandises : dans ces deux cas, il y a prolongation de travail.

Toutes les pétitions et réclamations doivent être écrites en portugais.

USAGES ET LOCALITÉS.

Toutes les écritures, au Brésil, sont établies en reis. A Montévidéo seulement, comme ancienne colonie espagnole, il y a beaucoup de maisons qui tiennent leurs livres et font leurs comptes en piastres. (Voy. *Tableau comparatif.*)

Le mode de paiement des Brésiliens est au comptant sans escompte ; mais les Français établis commencent à gâter cette précieuse coutume, en offrant et demandant tour à tour des termes, des réductions, réfractions, etc., etc., que la loyauté et la franchise brésilienne n'avaient pas connus jusqu'à ce jour : cela posé, il est à craindre, pour les Européens, que les paiemens au comptant ne soient pas de longue durée dans ces contrées.

Ce changement est d'une importance telle, que, s'il s'opérait définitivement, il en résulterait beaucoup moins de sécurité dans les transactions, et l'on verrait bientôt les marchés du Brésil, qui aujourd'hui n'offrent pas deux exemples de faillites, infestés de bilans, comptes de retours, etc.

Les places qui accordent le plus de termes dans les paiemens sont celles qui sont les plus sujettes aux crises financières et aux déconfitures : Fernambouc, Bahia, Rio-Janeiro, Rio-Grande et Montévidéo, ne donnent jamais, ou presque jamais, de termes; aussi le mot banqueroute est-il complètement ignoré dans ces cinq villes importantes.

Lorsqu'un tireur ne met point le mot *fixe* pour le jour du paiement de sa traite, le tiré a quinze jours de grâce pour l'effectuer.

Il n'y a point encore d'agens de change sur les places publiques du Brésil; je présume que dans un pays où il s'opère chaque jour des reviremens de fonds considérables, ce genre d'industrie serait à la fois le plus sûr et le plus lucratif.

Les courtages d'achats (en denrées) se paient un demi pour cent; ceux pour articles de luxe varient selon l'importance de l'affaire. Les commissions de vente sont de cinq pour cent, et le ducroire, quand il y en a, se fait de un à deux pour cent, selon les maisons à qui l'on se consigne.

Les frais d'encans se paient trois pour cent sur la vente; les habitans aiment assez ce genre d'établissement; ils y achètent avec plaisir, et quelquefois plus cher que dans les magasins. L'offre du premier encan rejetée, il ne faut plus songer dans les jours suivans à la réobtenir : il y aura quinze et vingt pour cent de différence.

Il y a des encans où il faut payer la commission, marchandise vendue ou non vendue : d'autres n'exigent qu'un demi pour cent, et enfin les plus loyaux ne perçoivent que lorsqu'il y a eu vente.

(71)

L'intérêt de l'argent se règle ordinairement de dix à douze pour cent l'an.

Les traites, connaissemens, et autres pièces de ce genre, ne sont point timbrés. (*Voy*. page n° 11.)

Les droits de douane se paient au moment même de la sortie des marchandises de la grande salle d'ouverture, et, si le consignataire est connu par le trésorier, celui-ci le débite du moment où elles sortent.

Le subrécargue qui voudrait ne pas se consigner pourrait s'éviter d'avoir recours à ce moyen pour effectuer le paiement de ses droits, en vendant les liquides, comestibles, etc., à l'estive, et se servant de l'argent de ses ventes pour solder les droits des soieries, quincaillerie et autres marchandises sèches. Mais il ne faut pas croire obtenir ce résultat si l'on ne parle le portugais, si l'on n'a précédemment travaillé dans le pays, et enfin si l'on n'est familier avec les us et coutumes de la douane.

Dans un premier voyage, il vaudra mieux payer une commission, fût-elle de dix pour cent, que de s'exposer à faire la moindre tentative de ce genre. Les conséquences pourraient en être terribles.

On ne peut pas dire qu'il existe un cours fixe et positif dans les ports du Brésil, comme en Europe. Ce sont l'activité, l'intelligence de l'individu qui contribuent à déterminer le prix de la marchandise. Tel pourra gagner dans un article, sur lequel tel autre aura souvent perdu, par incapacité ou défaut d'expérience.

Celui qui sera chargé d'opérer les ventes ne devra jamais oublier que la première offre d'un Portugais et d'un Brésilien est toujours la meilleure. Les Européens qui arrivent et traitent la première fois dans ces parages, s'habituent difficilement à ce genre nouveau pour eux. Mais il ne faut pas perdre de vue que le négociant qui se donne la peine d'aller voir déballer une marchandise en douane, et qui sur-le-champ nous fait son offre, est précisément celui qui en a le plus d'envie et de besoin, celui aussi qui y mettra le prix le plus avantageux : l'expérience m'a dicté et suggéré cette observation.

Lorsque l'on fera ses achats en retour en café, il faudra avoir le soin de sonder les sacs par les deux bouts, et, selon l'importance de l'affaire, en vider, pour éviter toute fraude intérieure. Il importe également de se trouver à bord du navire au moment où arrive la marchandise, pour (avant de la laisser embarquer) lui faire subir une dernière, mais bien nécessaire vérification.

La présence du chargeur est d'autant plus indispensable en ce moment, que, si les marins chargés du port à bord oubliaient ou perdaient la billette du receveur des droits de sortie, les denrées pourraient être saisies, si l'on ne prouvait sur l'heure que les droits en ont été payés.

Quand l'on fera des achats en cuirs, il faudra les faire battre à la sortie du *trépiche* (sorte d'entrepôt), et, aussitôt battus, y faire jeter quelques gouttes d'essence de térébenthine pour les préserver des mites et autres insectes rongeurs.

Les cuirs se vendent avant d'avoir été battus.

Il est urgent d'assister soi-même à la pesée de la marchandise.

Il faudra porter la plus scrupuleuse attention à ne pas recevoir les cuirs dits d'*ateras*, que nos tanneurs estiment dix pour cent au-dessous des autres, vu qu'ils ont le défaut de se rétrécir singulièrement, aussitôt mis dans la fosse.

L'on pourra reconnaître cette dernière sorte aux parties du dos et du ventre que l'on trouvera beaucoup plus alongées et plus minces que dans les cuirs de Rio-Grande et de Montévidéo. Cet article est plus délicat à traiter que les cafés; à moins qu'on ne le connaisse particulièrement, je conseillerai de se servir d'un courtier pour en faire l'acquisition.

Les pierres précieuses (brutes) demandent une connaissance parfaite et une profonde expérience dans cette branche difficile, pour oser se livrer à faire de pareils retours. D'ailleurs, depuis les dissensions de l'Orient, ils n'offrent plus en France que des résultats chanceux, et même souvent très-onéreux.

Les cuivres vierge et ouvré sont l'article le meilleur à rapporter en France ; c'est même celui qui me paraît le plus sûr, puisqu'il coûte déjà peu de transport, et qu'il n'est point sujet aux avaries.

Il faut se méfier du cuivre de certaines mines qui se compose d'alliage métalliques : ce cuivre se paie en France dix et quinze pour cent de moins que le cuivre pur.

En général, les retours du Brésil offrent presque toujours de la perte : on ne saurait donc mettre trop de précautions et de prudence dans le choix qu'il convient de faire pour cet objet important. On sentira que ce choix doit être subordonné aux circonstances et avis commerciaux que l'on recevra des marchés d'Europe.

On a souvent vu des opérations d'outre-mer présenter dans le Brésil des résultats avantageux; et par l'effet de la perte sur les retours, laisser des déficits de quinze et vingt pour cent.

Les époques les plus favorables pour la vente d'objets de luxe, sont : la Noël, le premier jour de l'an, le Carême, les Pâques.

Quand l'armateur expédiera de manière à ce que le navire arrive à la première époque (c'est-à-dire, le départ trois mois d'avance), les articles, sans être inférieurs (*voyez* FERNAMBOUC, BAHIA, pour différences de qualités), n'auront pas besoin précisément du même éclat que pour le jour de l'an, où il faudra tout ce qu'il y a de plus riche et de plus somptueux dans nos articles de Lyon.

Le jour des courbettes de cour, le jour où s'obtiennent les places, les dignités, le jour enfin d'un baisement de main extra-solennel, doit être marqué par tout ce que le luxe et la magnificence ont pu inventer de séduisant pour exciter le sourire ou la bienveillance du pouvoir.

La consommation du Carême est beaucoup moins exigeante ; elle ne demande que du noir, rien autre que du noir.... soit en robes, bas de soie, etc., etc.

Pour les Pâques, il faut donner deux tiers dans le blanc, et l'autre en bleu azur, rose vif, noir..., soit en satin, voiles, châles, etc., etc.

La contrebande se glisse parfois dans les opérations de douane, mais elle n'y marche point la tête levée, comme on le croit généralement en Europe. Elle est souvent entraînée par l'ambition, mais retenue par la crainte ; et quand elle se décide à suivre la première, ce n'est que dans la nuit, et couverte d'un voile impénétrable...

Il faut se méfier des offres obligeantes que font quelquefois les employés subalternes : ce sont souvent des agens provocateurs, qui, payés par l'autorité, se chargent de sonder les intentions du subrécargue ou du capitaine : cette observation est extrêmement sérieuse, extrêmement importante....

Quand l'on ne vendra pas ses vins et spiritueux en douanes (*voy.* pag. 55,57 *Estive*), il faudra les placer dans le magasin le plus frais que l'on pourra trouver, et dans les quartiers situés au sud-ouest de la ville. En outre de cette précaution, il sera prudent, pour éviter la détérioration (*voy.* page 25), de jeter tous les jours de l'eau sur les barriques, pipes ou barils.

Les soieries (dans le Brésil) demandent un soin tout particulier pour éviter la piqûre.

Il faut les entourer de papier de trace, les mettre dans des cartons, de manière à ce que le contact de l'air ne puisse frapper la soie.

Aussitôt que l'on verra paraître la pluie, on aura soin de fermer les portes et fenêtres de l'appartement ou magasin dans lequel se trouvera la marchandise.

Il est très-dangereux d'emballer les soieries en France depuis décembre jusqu'en mars; l'humidité qui existe ordinairement à cette époque est susceptible de causer des avaries considérables.

Tout ce qui est draps, tissus, rubans, robes, chapeaux, etc, etc., doit être garanti contre les *barates* (cet insecte ronge tous les objets dans

le confectionnement desquels il se trouve du coton ou de la soie.

La chapellerie, la librairie et l'impression, les
estampes encadrées, les ombrelles, châles dits
espèce de Chine; les vins de prix, instrumens de
musique (excepté le piano), les huiles d'odeur,
se vendent à perte dans le Brésil.

EXTRAIT

DU

TARIF DES DOUANES DU BRÉSIL.

N. B. *Il faudra avoir recours au tarif des douanes pour les différences d'évaluations provenant des grandeurs, largeurs ou
qualités des marchandises, comme pour les articles qui ne figurent pas dans le tableau ci-après, es principaux seulement
y étant désignes.*
*Toutes les fois qu'il n'est pas dit que c'est par douzaine, centaine,
boisseau ou sac, etc., il est entendu que c'est l'article unique
qui est estimé tel qu'il est porté. (Voy. cuir tanné · un cuir es
timé 2,000 reis).*

	Reis.
Acier, le quinta ,	7,200
Albâtre, la livre,	160
Amandes amères en coques, les 29 livres,	2,000
Id. sans coques, *id.*	4,400
Amandes douces avec coques, les 29 livres,	1800
Id. sans coques, *id.*	3,840
Avoine, le boisseau ,	1,000
Baïonnettes,	400
Baleines pour corsets de femmes ,	200
Bandes de mousseline, la bande,	600
Barriques vides,	400
Bas de fil, la douzaine, les communs,	4,200
Bazin ordinaire, le *covado*,	120
Bazin piqué,	300
Biscuits fins, les 29 livres,	3,200
Biscuits de mer, les 29 livres ,	1,200
Blé, le boisseau ,	1,200

Reis.

Boîtes à musique, par Couture,	30,000
Boîtes à tabac, avec musique,	12,000
Bottes, la paire,	6,000
Bottines courtes,	4,000
Id. pour enfans, la paire,	800
Boucles de cheveux pour femmes,	2,400
Bouteilles de verre, le cent,	5,000
Bracelets de bijouteries fausses, la paire,	600
Brai, le quintal,	2,000
Brides pour chevaux,	2,400
Bronze ouvré, la livre,	300
Brosse à cheveux,	200
Brosses pour les habits, la douzaine,	2,400
Cabriolets neufs,	500,000
Caisses avec 50 douzaines de joujous, la caisse,	12,000
Canon de fusil,	1,000
Carrosses neufs,	1,200,000
Cartes à jouer de 12 jeux, par masse,	2,400
Casaques de drap fin,	24,000
Casimir ordinaire, le *covado*,	500
Casquettes de cuir,	400
Id. pour enfans,	800
Id. pour hommes,	800
Cervelas, la douzaine,	1,200
Châles de soie, selon les qualités et grandeurs prévues par le tarif,	3,000 à 12,000
Châles d'indienne, la douzaine, de	600 à 2,400
Chandeliers argentés, la paire,	800 à 3,000
Chandeliers plaqués fin, la paire,	8,000
Chapeaux d'hommes, feutre ou castor,	2,400
Chapeaux de paille pour enfans,	400
Id. pour hommes, selon la qualité,	1,000 à 8,000

Reis.

Chemise de coton,	600
Chemisettes de fil de soie,	4,000
Clous de tonnelier, le millier,	1,200
Clous, la grosse,	1,200
Colliers de verre, en masse, l'un,	300
Commandes de pierres fausses,	50,000
Conserves au vinaigre en baril, de 4 à la pipe,	8,000
Cordes à boyaux pour guitare, masse de 12 cordes,	300
Id. pour violon, *id.*	300
Cordonnets de soie, pièce,	640
Cordons de coton, la vare,	50
Cordons de soie, la vare,	80
Corsets de fil de coton,	2,000
Corsets de femmes,	4,000
Cotonnades de couleurs, le covado,	200
Coupons de cuirs pour bottes, la paire,	2,000
Couvertures de coton,	700
Cravattes de percale, selon la qualité,	100 à 800
Crochets de fer, la douzaine,	600
Cruches de verre, pot à eau,	240
Cuirs tannés,	2,000
Culottes de casimir, la paire,	5,000
Culottes de drap ordinaire, la paire,	600
Dames-jeannes empaillées,	500
Dentelles d'argent, l'once,	2,000
Eau de Cologne, la douzaine,	1,800
Eau-forte, la livre,	340
Enclumes, la livre,	140
Entonnoirs en fer-blanc, la douzaine,	1,400
Entre-deux de mousseline, selon la largeur,	400 à 800
Épées, selon la qualité, de	500 à 2,000

Réis.

Éperons plaqués, la paire, selon la qualité,   160 à 500
Epingles de laiton, la livre,   1,200
Étoffes de laine, pièce de 4 covados,   12,000
Étuis avec rasoirs,   2,000
Étuis d'ivoire, la douzaine,   600
Éventails, la douzaine, suivant la qualité, de 480 à 72,000

Fanon de baleine, le quintal,   2,000
Farine de blé, l'arrobe,   1,000
Fer-blanc, la livre,   1,000
Fer-blanc en caisse, la caisse,   8,000
Fers à friser, la douzaine,   1,800
Figues sèches, l'arrobe,   800
Fil de couleur à coudre, la livre,   550
Fil pour cordonnier, la livre,   200
Formes de cordonnier, pour souliers,   320
   Id. pour bottes,   1,500
Forté-pianos,   300,000
Franges d'or ou d'argent, l'once,   2,000
Fusils ordinaires,   3,000

Gants de peau, la douzaine,   2,400
Gaze de soie, le covado,   400
Goudron, le baril,   3,000

Haches,   320
Haricots, le boisseau,   1,200

Indiennes étroites, le covado,   150

Lampes de laiton, l'une,   4,500
Lampes en fer-blanc,   2,000

Mercure, la livre,   400
Morue sèche, le quintal,   4,500

Reis.

Mouchoir, fantaisie de laine, pièce de 40 covados, 12,000
Mousseline, la vare, selon la largeur, de   160 à 600
Mousselines, brodées, la vare, selon la largeur, 300 à 800
Mousselines ouvrées, la vare, selon la largeur, 325 à 800
Mousselines françaises, la vare ,   800

Noix , le boisseau ,   600

Oignons, le cent ,   320
Olives, le baril ,   2,000

Peignes de métal ,   800
Perruques, selon la qualité, de   3,200 à 4,000
Petites carafes, l'une ,   200
Pistolets, la paire ,   400
Pointes de fer, le mille ,   400
Porte-crayons de métal, la douzaine ,   1,200
Porte-feuilles ,   1,000
Poupées, selon la qualité, de   480 à 4,800
Prunes, les 29 livres ,   2,400

Raisins secs, l'arrobe ,   1,600
Rasoirs, la douzaine ,   1,200
Réglisse, les 29 livres ,   2,400
Robes, selon la qualité ,   1 200 à 3,200

Saindoux, les 29 livres ,   1,600
Satin, le covado ,   600
Saucisson, la livre ,   320
Savon en pain, l'arrobe ,   3,200
Savonnettes ordinaires ,   60
Soies ouvrées, selon la grandeur ,   500 à 700
Soufre, l'arrobe ,   1,200
Souliers de cuir, la paire ,   1,600

	Reis.
Souliers de soie, la paire,	800
Sucriers ordinaires,	2,400
Id. fins,	4,800
Tissu étroit, le covado,	160
Toile de coton ordinaire, la vare,	260
Vins, la caisse de 12 bouteilles,	800
Veau vernissé, la douzaine,	24,000
Velours, le covado,	2,400
Velours étroits,	240
Id. larges,	320
Vermicelle, les 29 livres,	2,400
Verres ordinaires,	400
Voitures à 2 roues,	32,000
Voitures à 4 roues,	5 à 600,000

Nota. A mon départ il était question d'augmenter ces évaluations de 20 pour cent.

Voyez l'article Douanes *pour les droits des vins et eaux-de-vie.*

TABLEAU COMPARATIF

DES

MONNAIES, POIDS ET MESURES DE FRANCE,

DE PORTUGAL ET DU BRÉSIL.

MONNAIES FRANÇAISES.

OR.

	Reis.
Le double-louis ou 47 fr. 20 cent.	7,552
La pièce de 40 fr.	6,400
Le louis ou 23 fr. 55 cent.	3,768
La pièce de 20 fr.	3,200

ARGENT.

	Reis.
L'écu de 6 livres ou 5 fr. 80 c.	928
La pièce de 5 fr.	800
L'écu de 3 livres ou 2 fr. 75 c.	440
La pièce de 2 fr.	320
La pièce de 30 sous ou 1 fr. 50 c.	240
La pièce de 1 fr.	160
La pièce de 15 sous ou 75 c.	120
La pièce de ½ franc ou 50 c.	80
La pièce de ¼ franc ou 25 c.	40

CUIVRE.

	Reis.
Le décime ou 10 cent.	16

	Reis.
La pièce de 10 cent.	16
La pièce de 5 cent. ou 1 sou.	8

POIDS FRANÇAIS.

	Arrat.	Onças.	Oitav.
Le myriagramme ou 10,000 grammes.	21	12	$6\,{}^{50}/_{72}$
Le kilogramme ou 1,000 grammes.		2	$2\ 7\,{}^{6}/_{72}$
L'hectogramme ou 100 grammes.			$3\ 3\,{}^{66}/_{72}$
Le décagramme ou 10 grammes.			$2\,{}^{57}/_{72}$
Le gramme ou 100 centigrammes.			${}^{20}/_{7}$
Le décigramme ou 10 centigrammes.			${}^{2}/_{72}$
Le centigramme.			${}^{2}/_{720}$

MESURES LINÉAIRES.

	Bracas.	Palmos.
Le myriamètre ou 10,000 mètres.	4,600	»
Le kilomètre ou 1,000 mètres.	460	»
L'hectomètre ou 100 mètres.	46	»
Le décamètre ou 10 mètres.	4	6
Le mètre ou 1,000 millimètres.		$4\,{}^{6}/_{10}$
Le décimètre ou 100 millimètres.		${}^{5}/_{10}$
Le centimètre ou 10 millimètres.		${}^{5}/_{100}$
Le millimètre.		${}^{5}/_{1000}$

MESURES DES LIQUIDES.

	Canadas.	Quartilho.
L'hectolitre ou 100 litres.	71	$2\ {}^{2}/_{32}$
Le décalitre ou 10 litres.	7	${}^{22}/_{32}$
Le litre ou 100 centilitres.		$2\ {}^{28}/_{32}$
Le décilitre ou 10 centilitres.		${}^{9}/_{32}$
Le centilitre.		${}^{1}/_{32}$

MESURES DES GRAINS.

	Alqueires.	Selamins.
L'hectolitre ou 100 litres.	7	1 $\frac{12}{16}$
Le décalitre ou 10 litres.	5	$\frac{13}{16}$
Le litre ou 100 centilitres.		$\frac{9}{16}$
Le décilitre ou 10 centilitres.		$\frac{1}{16}$
Le centilitre.		$\frac{1}{100}$

MONNAIES PORTUGAISES.

OR.

	Fr.	Cent.
O dobrâo, ou 25,600 reis,	160	»
A peça de 2,400 reis,	150	»
A bobra, ou 12,800 reis,	75	»
A meia bobra, ou 6,400 reis,	40	»
A moeda de ouro, ou 4,800 reis,	30	»
A peça de 4,000 reis,	25	»
A peça de 3,200 reis,	20	»
A meia moeda, ou 2,400 reis,	15	»
A peça de 2,000 reis,	12	50
A peça de 16 tostôes, ou 1,600 reis,	10	»
O quartinho, ou 1,200 reis,	7	50
A peça de 1,000 reis,	6	25
A peça de 8 tostôes, ou 800 reis,	5	»
O cruzado de ouro, ou 480 reis,	3	»

ARGENT.

A peça de pataeas, ou 640 reis,	4	»
O cruzado novo, ou 480 reis,	3	»
O cruzado, ou 400 reis,	2	50
A pataca, ou 320 reis,	2	»

	Fr.	Cent.
A peça de 12 vinteus, ou 240 reis,	1	5o
A meia pataca, ou 16o reis,	1	
A peça de 6 vinteus, ou 120 reis,	»	75
O tostâo, ou 100 reis,	»	62 $^1/_2$
A peça de 4 vinteus, ou 80 reis,	»	5o
A peça de 3 vinteus, ou 6o reis,	»	43 $^1/_2$
O meio tostao, ou 5o reis,	»	31 $^1/_4$

CUIVRE.

O vinteus, ou 20 reis,	»	12 $^1/_2$
A peça de 10 reis,	»	6 $^1/_4$
A peça de 5 reis,	»	3 $^1/_8$
O real, moeda de conta,	»	$^5/_8$

POIDS PORTUGAIS.

	Gram.	Centigr.
O quintal, ou 4 arrobas,	58,709	
A arroba, ou 32 arratels,	14,677	
O arratel, ou 16 onças,	458	67
O marco, ou 8 onças,	229	33
A onça, ou 8 oitavas,	28	66
A oitava, ou 72 grâos,	3	58
O grao,		5

MESURES LINÉAIRES.

	Mètres.	Millim.
A legoa, ou 2842 braç., 8 palm.,	6,180	
A braça, ou 10 palmos,	2	174
A vara, ou 5 palmos,	1	87
O covado, ou 3 palmos,	»	652
O palmo, ou 8 pése 7 linhas,	»	217
O pé, ou 12 polegadas,	»	3o4
A polegada, ou 12 linhas,	»	25
A linha, ou 12 pontos,	»	2

MESURES DES LIQUIDES.

	Litre.	Centil.
O tonel, ou 2 pipas,	870	41 $^2/_{10}$
A pipa, ou 26 almudes,	435	20 $^6/_{10}$
O almude, ou 2 potes, ou cantaros,	16	73 $^9/_{10}$
O pote, ou cantaro, ou 6 canadas,	8	37
A canada, ou 4 quartilhos,	1	39 $^5/_{10}$
O quartilho,	»	34 $^9/_{10}$

MESURES DES GRAINS.

O moio, ou 15 fanegas,	830	40
A fanega, ou 4 alqueires,	55	36
O alqueire, ou 2 meios,	13	84
O meios, ou 2 quartas,	6	92
A quarta, ou 2 oitavas,	3	46
A oitava, ou o sclamin,	1	73

TABLE DES MATIÈRES.

TABLEAU COMPARATIF

DES MONNAIES, POIDS ET MESURES DE FRANCE, DE PORTUGAL ET DU BRÉSIL.